INICIAÇÃO

À

ARQUEOLOGIA

BÍBLICA

SUMÁRIO

II – PERSONAGENS BÍBLICOS

1 – Abraão

A – Ur dos Caldeus

B – Harã

C – Praxes jurídicas

D – Abraão em Canaã

2 – Assurbanipal

3 – Arquelau

4 – Ciro

5 – Davi

6 – Ezequias

7 – Herodes, o grande

8 – Jeroboão I

9 – José

10 – Manaem

11 – Moisés

12 – Nabonidor

FINALIDADE DESTA OBRA

Os materiais literários do autor não têm fins lucrativos, nem lhe gera quaisquer tipo de receita. Os custos do livro são unicamente para cobrir despesas com produção, transporte, impostos e revendedores. Sua satisfação consiste em contribuir para o bem da educação uma melhor qualidade de vida para todos os homens e seres vivos, e para glorificar o único Deus Todo-Poderoso.

CONTATOS:

Blog: http://arqueologiabiblica13.blogspot.com.br/

E-mail: escrivao13@hotmail.com

https://www.youtube.com/user/THESCRIBEVALDE
MIR

AUTORIZAÇÃO

O livro pode ser reproduzido e distribuído por quaisquer meios, usado por qualquer entidade religiosa, educacional ou cultural sem prévia autorização do autor.

AUTOR: Escriba de Cristo é licenciado em Ciências Biológicas e História pela Universidade Metropolitana de Santos, possui curso superior em Gestão de Empresas pela UNIMONTE de Santos, e é Bacharel em Teologia pela Faculdade das Assembleias de Deus de Santos, nasceu em Itabaiana/SE, em 1969. Na década de 1990 fundou o Centro de Evangelismo Universal, foi radialista alguns anos em Santos na Radio Universal de Santos, uma das primeiras emissoras do Brasil com o programa "Esperança aos povos".

Dados Internacionais da Catalogação na Publicação (CIP)

M543	de Cristo, Escriba, 1969
	Introdução à Arqueologia Bíblica / Valdemir Mota De Menezes, Cubatão/SP, Amazon.com Clubedesautores.com.br, 2015
	133 p. ; 21 cm
	ISBN-13: 978-1512138085
	1. Arqueologia 2. Arqueologia Bíblica 3.História 4. Bíblia 5. Israel 6. Geografia I - Titulo
	CDD 900 CDU 902/908

INTRODUÇÃO

Por muitos séculos tudo o que se sabia de história antiga era o que a Bíblia dizia e mais aquilo que os gregos e romanos escreveram. De todos os historiadores da antiguidade, praticamente o único que se podia ler era Heródoto, pois os escritos cuneiformes dos assírios e babilônios e mais os hieróglifos egípcios ainda não tinham sido traduzidos. Na Idade Moderna com o surgimento do racionalismo, a Bíblia passou por duras críticas que tentavam ridicularizar as suas histórias, principalmente o Antigo Testamento. Mas chegando à Idade Contemporânea, uma nova ciência começou a florescer: A ARQUEOLOGIA.

Como a medicina separou-se da feitiçaria e como a astronomia separou-se da astrologia, assim convinha que esta nova ciência se separasse dos mitos e das ideias pré-concebidas que se tinha a respeito da Bíblia. Werner Keller, autor da consagrada obra "E a Bíblia tinha razão..." diz no prefácio do seu famoso livro: "O povo judeu escreveu sua história somente em relação a Jeová e sob a óptica de seus pecados e sua expiação. Mas esses acontecimentos são historicamente genuínos e tem se revelado de uma exatidão verdadeiramente espantosa."

O professor Jalmar Bowden da Faculdade de Teologia da Igreja Metodista do Brasil fez os seguintes comentários a respeito da importância e objetivos da ARQUEOLOGIA BÍBLICA: "A arqueologia é o estudo científico de coisas que esclarecem a vida humana do passado, especialmente de tempos pré-históricos. Diz-nos a Bíblia de como Deus se revelou aos homens no passado remoto e de como a religião verdadeira se desenvolveu entre os homens. A arqueologia, portanto, pode tornar mais compreensível o livro dos livros. A Arqueologia Bíblica é o ramo da Arqueologia Geral. É o estudo científico das coisas do passado que podem, direta ou indiretamente, facilitar o estudo e compreensão da Bíblia."

A Arqueologia Bíblica trouxe mais respeito para com a Bíblia, hoje em dia nenhuma pessoa realmente culta e inteligente seria capaz de chamar de lendas as histórias bíblicas. Recentemente, em 1992, um dos maiores arqueólogos da atualidade da França esteve no Brasil e em entrevista ao importante jornal O Estado de São Paulo declarou em uma matéria de uma página inteira dizendo que tinha convicção que Moisés atravessou o Mar Vermelho com todo o povo de Israel. O Dr. Joachim Reberk da Alemanha também declarou:

"Desde as gerações, a Bíblia está sendo testado pela ciência crítica e, sem dúvida. Ela pode se gabar de ser uma das obras mais divulgadas, mais vendidas, bem como, de longe, melhor e mais profundamente pesquisada da literatura universal [...] Quanto a isto, cabe rebater um mau costume dos nossos dias, recentemente manifestado na qualificação depreciativa da Bíblia, considerando-a menos que um livro de história." (Reberck)

I – METODOLOGIA ARQUEOLÓGICA

Cada ciência ela tem o seu método de pesquisa. A metodologia científica difere de um ramo para outro. Assim quando estudamos física, estudamos baseado em fatos que podem ser repetidos continuamente. Já não é o caso da parapsicologia, pois as forças paranormais não se manifestam a qualquer hora, ela é mais espontânea. A Arqueologia também tem seus próprios métodos utilizados no estudo e nas pesquisas.

1 – ARQUITETURA

A ciência que mais contribuiu para o resgate da história é a arqueologia e um dos meios pela qual a arqueologia investiga é a arquitetura. O estilo de construção de cada povo era diferente, e a Arqueologia define o que caracteriza as diversas formas arquitetônicas que houve na história.

EGITO

Os principais pontos turísticos do Egito são as milenares pirâmides, além dos templos e palácios que existem até hoje, cuja origem remonta há milênios atrás. Existem dezenas e dezenas de pirâmides no Egito que eram túmulos aos faraós. Entretanto, as três maiores não têm origem humana, mas em uma força sobrenatural, paranormal e satânica. Muitos são os pesquisadores das pirâmides que chegam a esta conclusão: As três grandes pirâmides se tratam de uma arquitetura sobre-humana.

É cada vez maior o numero de esotéricos que recorrem as "forças das pirâmides". Estas pirâmides foram construídas com poder e orientação de Satanás. Talvez para representar os túmulos do Pai, do Filho e do Espírito Santo. Pois que veículo da Idade Antiga transportaria blocos de 80 a 100 toneladas? Que tipo de serra elétrica ou raio laser os antigos possuíam para cortar e lapidar centenas de blocos gigantes e deixa-las lisas como a face de uma lamina de barbear? Com que material os antigos cortaram a pedra durita, o mineral mais duro do mundo? Com cobre?

ASSÍRIA

A arquitetura assíria também era bastante desenvolvida, mas não se comparava com a egípcia. Os seus templos e palácios eram construídos de tijolos, por ser escassa a pedra na região.

PERSIA

A arte em geral na Pérsia recebeu a influência de vários povos como assírios, hititas, babilônios e egípcios. As duas principais construções foram os palácios de Pasárgada e o palácio de Dario em Persépolis.

GRECIA

A Grécia possuía três estilos de construções: o dórico, o jônico e o coríntio. Este último originado da cidade de Corinto e era o estilo mais recente.

ROMA

Os romanos receberam a influência dos gregos e etruscos que eram bons arquitetos. Destes, os romanos herdaram o ARCO que possibilitava cobrir um espaço mais amplo e construir esgotos e pontes. As principais construções dos romanos eram:

Os teatros: onde se representava drama etc. Os anfiteatros: onde se via lutas de gladiadores. Os circos: onde se disputava corridas de bigas (carros). As basílicas: onde se realizavam sessões jurídicas. Os arcos de triunfo: monumentos para comemorar vitórias.

BIZÂNCIO

O Império Bizantino desenvolveu enormemente a arquitetura influenciando posteriormente o mundo ocidental e o mundo oriental. Como exemplo temos nos dias de hoje a Basílica de São Pedro em Roma e o capitólio em Washington.

MUÇULMANO

O termo mulçumano além de se referir a uma religião também é um povo e uma cultura distinta. A arquitetura mulçumana é voltada para as mesquitas que são decoradas com "arabescos" e figuras geométricas. As inscrições nos templos e palácios assemelham-se às flores imaginárias.

BARROCO

O barroco é um estilo mais recente e que no Brasil pode ser visto em varias cidades pequenas, principalmente em Olinda. No final do século XX já vemos um estilo diferente que emprega estruturas metálicas e o uso mais frequente dos vidros multicores, fumê, alumínio etc.

2 - FILOLOGIA

A filologia é o estudo das línguas e da literatura como instrumentos de manifestações culturais. Neste nosso estudo de Arqueologia Bíblica abordaremos somente sobre os livros antigos que de alguma forma estão relacionados com os acontecimentos descritos na Bíblia, e sobre a formação das línguas antigas.

A - ESCRITA

Os primeiros índicos da escrita apareceram em Canaã, Egito e na Mesopotâmia o que esta plenamente de acordo com as Escrituras Sagradas que indica a região do crescente fértil como o lugar onde se originou a humanidade. O Jardim do Éden estava onde hoje é o mesmo local onde se localiza o Oriente Médio. Os antigos documentos eram registrados nos seguintes materiais:

PEDRAS E BARROS

Existe uma ciência a parte da arqueologia chamada EPIGRAFIA que estuda as escritas em materiais pesados. Existem ainda hoje cartas escritas em Canaã enviadas para o Egito datado de uma época anterior a Abraão. Entretanto são cartas pesando alguns quilos. Mas o que se tinha para ler dava na metade de uma folha de caderno. A escrita no barro seguia o processo de escrever em argila mole e depois levada ao forno, só após resfriar é que a carta estava pronta.

Centenas de estátuas traziam inscrições no pedestal. Nos templos e palácios também se faziam inscrições. Hoje, nós devemos dar graças a Deus por todo este trabalho que os nossos antepassados tiveram em escrever em pedras, pois se fossem escritas nas míseras folhas de papel do mundo moderno com certeza não sobraria uma para CONTAR HISTÓRIA.

PAPIROS

O papiro é o ancestral mais próximo do papel, inclusive

na semelhança das palavras. O papiro era uma planta que antigamente nascia em abundancia nas proximidades do rio Nilo enraizando-se no lodo do rio. A planta chamava-se junco, sendo citada na Bíblia em Êxodo 2.3; Jó 8.11; Isaías 18.2.

PERGAMINHO

O pergaminho era feito de pele de ovelhas ou cabritos, após ser retirada a pele do animal, era mergulhada em solução de cal para remover os pelos, depois limpava-se com faca, em seguida lavava-se e punham à secar, posteriormente era estendida e polida.

O pergaminho foi introduzido no mundo da escrita devido à escassez do papiro (Heródoto 5.58) e a princípio vinha da cidade de Pérgamo e era chamada de CHARTAE

PERGAMENAE, e do nome da cidade se derivou o nome pergaminho.

Com o passar do tempo os judeus passaram a usar o pergaminho para os manuscritos dos livros sagrados. Se alguém quiser ver algum manuscrito só basta ir a alguma sinagoga (se tiver uma em sua cidade) e até os dias de hoje os judeus fazem o Torá (Cinco livros de Moisés) em pergaminho.

Os pergaminhos também possuem uma capacidade de durabilidade bastante significativa. Foram encontrados muitos desses em potes debaixo de escombros.

B - LITERATURA

Citaremos uma lista de literatura antiga de diversos ramos e os respectivos escritores e a sua nacionalidade.

FILOSOFIA

Ptahhotep: "Máximas da ptahhotep (egípcios)"

Tales de Mileto: (640 a 548) é o mais antigo dos filósofos (gregos).

Sócrates: (470 a 399) sua doutrina chegou ate nós por intermédios dos discípulos.

Platão (426 a 347) escreveu: "Apologia", "A República", "Banquete" e etc. (grego).

Aristóteles (384 a 322 a. C) escreveu "Lógica", "Física", "Metafísica", "Retórica" e "Moral" (grego).

Sêneca (4 a 65 d.C.) escreveu Cartas a Lucílio (Era romano).

Epíteto (século I d.C.) sua ideias foram condensadas no Manual de Epíteto (romano).

LITERATURA SOBRE RELIGIÃO

Amenófis IV, escreveu "Hino ao Sol"(Egito).

Talmud – Surgiu depois do cativeiro. É na verdade uma coleção de tradições rabínicas (Israel).

Gilgamesh – escreveu a Epopéia de Gilgamesh (Assíria).

LITERATURA DE DIREITO

Hamurabi – É uma mescla de leis sumerianas e de tradições semitas contendo 282 leis. Chama-se "Código de Hamurabi"

Sálvio Juliano – Autor do "Édito Perpétuo" (Romano).

Gaio – Autor de "Instituições" (Romano).

LITERATURA DE HISTÓRIA

Heródoto (484 a 425 a.c.) – Autor de Exposições de Pesquisas (Grego).

Xenofonte (430 a 255 a.c.) – Entre as suas várias obras está: "Ciropédia" e "Tratado de Caça" (grego)

Tucídides (460 a 396 a.c.) – Escreveu "História da Guerra do Peloponeso"

César (104 a 44 a.c.) Escreveu "Guerras da Cília" (romano).

Salústio (86 a 34 a.c.) Autor de "Conjuração da Catarina" e "Vida de Jugurta" (romano).

Tito Lívio (59 a 17 a.c.) – Escreveu "História de Roma" (romano).

Tácito (55 a 120 d.c.) Autor de "Germânia", e "Anais" entre outros escritos. Neste último Tácito cita que Jesus foi morto sob Pôncio Pilatos.

Seutônio (69 a 141 d.C.) Autor de "A vida dos doze Césares"

Plínio, o jovem (62 a 113 d. C.) Autor de "As cartas"

Plutarco (45 a 125 d. C.) Nascido na Grécia sob o domínio romano, escreveu "Vidas Paralelas"

LITERATURA DE MEDICINA

Hipócrates de Cós (460 a 377 a.c.) Escreveu "Tratado dos Ares", "Lugares", "Das águas" e "Aforismos"

Empédocles (século V a.C.) Grécia.

Acmeón (século VI a.C.) Grécia.

Rhazes, Averróis e Avicena – Todos árabes.

LITERATURA DE POESIA LÍRICA

Píndaro (521 a 441 a.c.) escreveu "Olimpíadas", "Píticas", "Istímicas" e Neméias (Grego).

Safo (século VII a.C.) Rival de Alceu (grego).

Alceu (630 a 560 a.C.) Deixou canções (Grego).

Anacreonte (560 a 478 a.C.) "Anacreônticas" (grego).

Lívio Andrônico (século III a.C.) foi um dos primeiros poetas épico de Roma (romano).

LITERATURA DE POESIA ÉPICA E OUTRAS

Homero (século IX a.C.) Autor de "Ilíada e Odisséia" (grego).

Hesíodo (século VIII) Escreveu "Os trabalhos e os dias", "Teogonia" e o "Escudo de Hércules" (grego).

Lucrécio (96 a 53 a.c.) Em seus poemas tratou sobre os átomos. Escreveu: "Da natureza das Coisas" (romano).

Virgílio (71 a 19 a. C.) Autor de Eneida", "Bucólicas" e "Georgicas" (romano).

Catuto (87 a 54 a.c.) Autor de "As bodas de Tétis e Peleu" (romano).

Horácio (65 a 8 d.C.) Autor de "Odes", "Sátiras" e "Epístolas" (romano).

Propércio (50 a 15 a.c.) Escreveu "Elegias" (romano).

Ovídio (43 a 104 d.c.) Autor de "A arte de Amar" e "Metamorfose" (romano).

Marcial (40 a 104 d.C.) "Epigramas" (romano).

LITERATURA DE POESIA SATÍRICA

Homero
Juvenal (50 a 130 a.C.) "Sátiras" (romano).

3 – GRAVURA

As gravuras ou os relevos também são importantes para a reconstituição da historia. Povos primitivos faziam em cavernas desenhos grotescos, os egípcios marcaram seu estilo de desenho por mostrarem sempre as pessoas de perfis, enfim, cada povo e cada época teve um estilo de escultura que auxilia-nos a conhecer melhor os fatos ocorridos na antiguidade.

Certos povos não desenvolveram muito as artes, por motivos religiosos é o caso dos judeus e árabes. Deus mesmo proibia certas representações de escultura, pois visava manter o povo longe da prática da idolatria (Êxodo 20.4; Números 33.52; Isaias 41.29), e para isto o Senhor ordenou expressamente a destruição das imagens que os demais povos faziam. Sem dúvida, é melhor desfazermos de certas "obras de artes" do que pecarmos seduzidos pelos ídolos do povo. Mas Deus não foi contra a arte, e sim contra o uso indevido dela para fins idolátricos. Algumas vezes Deus ordenou a fabricação de certas esculturas, mas para um propósito definido e não para as pessoas se prostrarem diante delas e orarem (Números 21.4-9; Êxodo 25.17-22).

Obelisco negro de Salmanasar III descoberto em 1845 pela equipe do arqueólogo britânico Henry Layard. Na gravura, em duzentas linhas está registrado que o rei de Israel, Jeú está oferecendo tributo a Salmanasar. (II Reis 10.36)

A – RELEVO

O relevo é uma obra de escultura ou gravura que ressalta da superfície natural. Os assírios, egípcios, e babilônios nos legaram muitos registros históricos através dos relevos que foram encontrados nos seus palácios e templos. O relevo como arte é inferior à escultura já que este último torneia toda a massa do objeto esculpido, enquanto o relevo só torneia a região frontal.

B – BUSTO

Entre os povos mais antigos não era comum produzir bustos, e na verdade nem sequer era possível achar algumas delas nos sítios arqueológicos. Entretanto foram os gregos e romanos os mestres na arte de esculpir BUSTOS. Uma diferença que se pode notar entre os bustos e as esculturas é que estas últimas, muitas vezes representavam os seus deuses enquanto os bustos eram dedicados aos seus grandes líderes e heróis.

C – ESTÁTUA

Assim como a arquitetura, a escultura era feita de materiais resistentes (em geral pedras), o que possibilitou que tais obras artísticas pudessem chegar até os nossos dias. Examinando uma estátua nós conhecemos o grau de evolução artística de determinado povo, além de compreender suas crenças e os hábitos de vestimentas e até saber sobre as práticas belicosas (vendo o tipo de armas que eles empregavam). Historicamente o relevo é mais importante do que as estátuas, pois nos relevos podiam ser retratados não somente as pessoas como também o ambiente da época.

D - GRAVURAS NAS CAVERNAS

Estamos plenamente convictos por razões religiosas e também científicas que o homem não é produto de uma evolução biológica, na verdade cientistas tendenciosos é que se interessam em provar esta TEORIA. 50% dos seres humanos desenham pior do que as gravuras encontradas nas cavernas, portanto querer relacionar tais figuras com seres pré-históricos e como prova da evolução é bobagem.

4 – GEOGRAFIA

Uma ciência por demais importante é a geografia, pois quando determinado documento antigo cita um rio, um mar, uma cidade, um monte ou qualquer ponto geográfico, fica mais fácil localizar onde ocorreram determinados fatos históricos. Assim é que determinados acontecimentos ficam para sempre marcados em nossa memória relacionada com um ponto geográfico. Por exemplo, na historia do Brasil: as margens do rio Ipiranga Dom Pedro I proclamou a independência do Brasil.

As mudanças políticas foram muitas na historia, mas as mudanças geográficas foram bem menores assim é que facilita localizamos os rios citados na Bíblia como os rios Jordão, Nilo, Eufrates o mar da Galileia o mar Morto o mar Vermelho o mar Mediterrâneo os montes: das Oliveiras, Sinai, Hebrom. As cidades de Jerusalém, Roma, Atenas etc.

A - TERRENO

Um fator que muito contribuiu para que pudéssemos recuperar muitos dos materiais arqueológicos foi sem duvidas o tipo do terreno. Principalmente o fato do clima seco daquela região foi fundamental para que pudessem ser preservados vários documentos e objetos. Se a historia antiga tivesse se desenvolvido, por exemplo: na região amazônica, dificilmente teríamos hoje tantos achados arqueológicos, pois como o índice de chuvas são abundantes nesta região certamente todo material se perderia devido à umidade.

B- ESTRATO

Chama-se estrato as camadas de terra que os arqueólogos cortam como fatias. Cada estrato representa um período de tempo que vai se contando do presente recente ao passado distante. Como exemplo vamos citar o trabalho de Clarence's Fischer que em 1925 escavou um sítio em Israel. A colina foi cortada centímetro por centímetro e caleidoscópicamente os séculos foram vindos à tona. Vejam o que foi resgatado nos quatro estratos retirados:

ESTRATO I: continham ruínas do domínio persa e babilônio. (século VI a.C.)

ESTRATO II: submergiu as ruínas da época do domínio assírio. (século VIII a.c.)

ESTRATO III: aparecem evidências do reino independente dos judeus. (século IX)

ESTRATO IV: foram acrescentadas as descobertas dos reinados de Salomão e Davi (século X)

5 - MINERALOGIA

A MINERALOGIA também é usada como base para os trabalhos da Arqueologia. Pois é dos minerais que se produziram as ferramentas, brasões e moedas cunhadas.

6 – NUMISMÁTICA

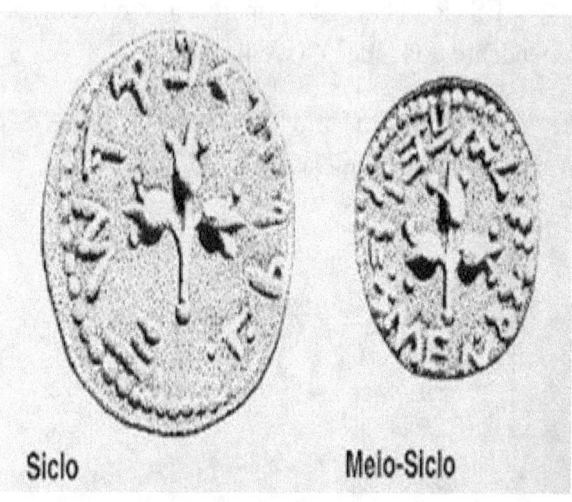

Siclo   Meio-Siclo

A arqueologia pesquisa as moedas dos tempos antigos com a finalidade de encontrar a transmissão cultural passada por meio das figuras gravadas nas moedas. É inegável que por uma moeda, que é um símbolo nacional, podemos ter algum conhecimento da cultura deste povo. Por exemplo: se daqui a alguns séculos nossa civilização desaparecesse e só sobrasse um catálogo das moedas nacionais, os arqueólogos do futuro entenderiam em parte como foi nossa economia e outros elementos culturais estampados nas notas. Ainda está relacionada a esta ciência a HERÁLDICA que estuda os brasões da nobreza, os estudos das insígnias e a SIGILOGRAFIA ciência que estuda os selos.

7 - PALEONTOLOGIA

Compete aos paleontólogos examinarem os fósseis dos animais e dos homens. O valor desta pesquisa é que se pode saber como eram as características de certas raças humanas, como também dos animais extintos. Inclusive, após apurada investigação, pode-se até mesmo afirmar de que maneira morreram, ossos quebrados podem indicar a morte por espancamento, enfim cada detalhe pode esconder uma historia.

8 - OUTROS MÉTODOS

Outra ciência que esta relacionada com a arqueologia é a diplomática. A diplomática é o estudo dos documentos oficiais, por meio destas cartas que um rei mandava para outros foram desvendados muitos dos mistérios da antiguidade, principalmente após serem traduzidos os hieróglifos e os escritos cuneiformes. As fotografias também auxiliam muito nas pesquisas, por exemplo, todas às vezes que se remove um estrato de terreno, todo ele é fotografado centímetro por centímetro, por que nunca mais poderá colocar cada poeira em seu devido lugar. O método do carbono 14 tem sido um auxílio fantástico na tarefa de datação de materiais que já tiveram vida como os pergaminhos, esqueletos, embarcações de madeira, papiros etc. Os instrumentos e os utensílios também são fundamentais para determinar o grau de tecnologia de cada povo. Resumindo: podemos dizer que cada detalhe é a chave para a arqueologia ressuscitar a historia

II – PERSONAGENS BÍBLICOS

Nesta parte do livro iremos analisar algumas descobertas arqueológicas relacionadas com alguns personagens bíblicos. A Bíblia registrou a história de muitos reis e reinos que tiveram grande projeção no passado e na construção da civilização moderna. Estas civilizações deixaram marcas e sinais que puderam ser captadas por estudiosos.

1 – ABRAÃO

O estudo da vida de Abraão e a comprovação arqueológica da sua existência é sumamente importante para nossos dias haja vista que em Abraão repousa as promessas de Deus para os cristãos e humanamente falando as três maiores religiões do mundo estão assentadas na pedra Abraão.

"Harã morreu antes de seu pai Tera, na terra do seu nascimento, em UR DOS CALDEUS." (Gênesis 11.28).

"Depois da morte de Abraão, Deus abençoou Isaque, seu filho; e habitava Isaque junto a Beer-laai-Rói" (Gênesis 25.11).

A – UR DOS CALDEUS

A primeira dúvida que havia com respeito à história de Abraão era a cidade de Ur, qualquer pessoa intelectual dos séculos da pós-renascença duvidava da existência desta cidade até que as pedras mudas e documentos velhos começaram a falar!

Em 1850 o francês Champollion decifrou os hieróglifos e Rawlinson solucionou a interpretação da escrita cuneiforme, daí por diante a ciência chamada arqueologia começou sua majestosa ascensão para trazer aos homens a verdade sobre as suas origens.

Em 1854 o cônsul inglês J. E. Taylor em missão pelo museu britânico de Londres iniciou as escavações na Mesopotâmia e muitas outras expedições foram organizadas, até que em 1923 uma expedição anglo-americana começou a trabalhar no TELL AL MUQAYYAR e após seis anos de pesquisas essa expedição de Wooley descobriu um recinto sagrado com os restos de cinco templos construídos pelo rei Ur-Nammu.

Esses templos possuíam fornos para cozer pão que, segundo o relatório de Woolley: "depois de 38 séculos podiam acender novamente o fogo ali".

As investigações também constataram que ainda não se conhecia a moeda cunhada, porém, UR foi uma das cidades com as casas mais confortáveis do mundo antigo, a maioria das casas possuíam dois andares e tinham de 13 a 14 cômodos!

Wooley escreveu sobre a UR de Abraão: "Vendo em que ambiente requintado passou (Abraão) a juventude, devemos modificar nossa concepção dos patriarcas hebreus. Abraão foi cidadão de uma grande cidade e herdou a tradição de uma civilização antiga e altamente organizada".

B – HARÃ

A Bíblia afirma que Abraão e sua família saíram de Ur e foram morar em Harã. (Gênesis 11.31). Essa cidade chamada Harã era até pouco tempo desconhecida e não havia nenhum documento antigo que comprovasse a sua existência, mas em 14 de dezembro de 1933 iniciou-se as escavações no "TELL HARIRI" e já em 23 de janeiro de 1934 foi retirado dos escombros uma estátua com um texto gravado no ombro direito, a frase em escrita cuneiforme foi traduzida pelo professor Parrot e dizia: "Eu sou Lamei-Mari, rei de Mari." Essa cidade chamada Mari, era capital do reino que tinha o mesmo nome, cujos arquivos resgatados afirmavam que a cidade de Harã e Naor eram cidades prósperas, isto pelos anos de 1900 a.c., só para se ter uma ideia do número de informações que nos chegaram graças as escavações arqueológicas em busca da cidade de Harã foram descobertas 23.600 documentos escritos em tabuinhas com inscrições cuneiformes e uma imensa fila de caminhões de formou para transportá-las.

Essa cidade de Mari era o centro cultural na época de Abraão, e certamente influenciou muito na vida do patriarca, inclusive várias inscrições da Babilônia e Assíria declaram que Mari foi à décima cidade a ser fundada depois do dilúvio. Abraão já velho mandou seu servo Eliezer trazer uma mulher do reino de Mari, mais propriamente da cidade de Naor (Gênesis 24.10). Entre os nomes comuns no reino de Mari, um nome é muito conhecido de nós: "Abrão." Mesmo que não se refira ao Abraão bíblico, isso vem comprovar que este nome era comum e liga o personagem bíblico com aquelas terras.

C – PRAXES JURÍDICAS

Manuscritos antigos revelam quais eram os preceitos legais na época de Abraão, esses manuscritos datados de uma época entre 2000 a 1500 a.C. que foram recuperados das cidades hurritas de Mitanni, e nos esclarecem várias passagens bíblicas.

1 DEPOIS destas coisas veio a palavra do Javé a Abrão em visão, dizendo: Não temas, Abrão, eu sou o teu escudo, o teu grandíssimo galardão. 2 Então disse Abrão: Senhor DEUS, que me hás de dar, pois ando sem filhos, e o mordomo da minha casa é o damasceno Eliézer? 3 Disse mais Abrão: Eis que não me tens dado filhos, e eis que um nascido na minha casa será o meu herdeiro. 4 E eis que veio a palavra de Javé a ele dizendo: Este não será o teu herdeiro; mas aquele que de tuas entranhas sair, este será o teu herdeiro. (Gênesis 15.1-4)

Abraão queixa-se diante de Deus dizendo que não tendo um filho, sua herança seria do seu mordomo Eliezer. As tabuinhas de Nuzi revelam que era praxe um casal sem filhos adotarem um mordomo que cuidava do casal de velho e em compensação se tornava herdeiro.

1 ORA Sarai, mulher de Abrão, não lhe dava filhos, e ele tinha uma serva egípcia, cujo nome era Agar. 2 E disse Sarai a Abrão: Eis que Javé me tem impedido de dar à luz; toma, pois, a minha serva; porventura terei filhos dela. E ouviu Abrão a voz de Sarai. 3 Assim tomou Sarai, mulher de Abrão, a Agar egípcia, sua serva, e deu-a por mulher a Abrão seu marido, ao fim de dez anos que Abrão habitara na terra de Canaã. (Gênesis 16.1-3)

Sara vendo-se na impossibilidade de gerar um filho a Abraão ofereceu sua escrava Agar para que por meio dela fosse-lhe concedido um filho. Nos costumes praticados na Mesopotâmia eram corriqueiros os casos matrimoniais em que a esposa não gerando descendentes, ela se via obrigada a providenciar uma "mulher substituta".

19 E havendo Labão ido a tosquiar as suas ovelhas, furtou Raquel os ídolos que seu pai tinha. (Gênesis 31.19)

Raquel furtou os terafins do seu pai Labão, este mostrou-se desesperado em recuperá-los. Mais uma vez as tabuinhas de Nuzi nos esclarecem que, quem tivesse de posse dos terafins da família se tornava o legítimo herdeiro da casa. Portanto, não resta dúvida que o pano de fundo cultural da vida dos patriarcas está comprovado pelas descobertas arqueológicas.

D – ABRAÃO EM CANAÃ

Saindo de Harã (situada onde hoje está a Turquia), Abraão chegou a Canaã que fica ao sul da Mesopotâmia e ao norte do Egito. Aquela faixa de terra tinha várias tribos e na Bíblia, os cabeças dessas tribos eram chamados de reis. Os arqueólogos e historiadores concordam que em questão de poder e independência, esses termos são bem apropriados. São tantas as provas arqueológicas da veracidade do mundo que a Bíblia apresenta na época de Abraão que um famoso arqueólogo disse: "Se alguém quisesse escrever a história da construção de cidades e fortalezas de Canaã, não teria grande dificuldade em fazê-lo, dada a abundância de material existente até o terceiro milênio antes de Cristo."

Em 1920 veio à tona algumas estátuas com inscrições que alarmaram os cientistas, pois tais materiais datados de 1900 a. C. já confirmava a existência de cidades caanitas tais como:

Jerusalém, ou a antiga Salém (Gênesis 19.29), Hazor (Josué 11.1), Bete-Semés (Josué 15.10), Afeca (Josué 12.18), Acsafe (Josué 11.1) e Siquém (Gênesis 12.6). Essa terra em que Abraão foi habitar chamada Canaã significa "terra de púrpura", pois desde os tempos mais primitivos, seus habitantes extraiam de um caracol do mar (do gênero Murex) a tinta mais famosa do mundo antigo – A púrpura. Ela era tão rara e difícil de extrair que somente as pessoas da alta sociedade podiam ter vestes tingidas de púrpura. A palavra "Fenícia" significa no seu idioma fenício: "púrpura". Mas foram os romanos que chamaram Canaã de palestina, nome cuja origem está relacionada à palavra "paleshtim", termo usado no Antigo Testamento aos filisteus. Também foi nesta região que Abraão utilizou da estrada mais importante para o comércio do mundo antigo; ela ligava a Mesopotâmia a Canaã e de Canaã ao Egito. Até hoje de avião pode ser visto um sulco na terra de Israel que identifica a estrada mais antiga do mundo a famosa "estrada real".

Porta de Abraão, descoberta em 1979 no monte hebrom, está construção de tijolo é de 1750 a. C., provavelmente Abraão passou por esta porta após libertar Ló de Sodoma.

Um episódio interessante na vida de Abraão é a separação do patriarca do seu sobrinho Ló. Em Gênesis 13.7-12 diz:

7 E houve contenda entre os pastores do gado de Abrão e os pastores do gado de Ló; e os cananeus e os perizeus habitavam então na terra. 8 E disse Abrão a Ló: Ora, não haja contenda entre mim e ti, e entre os meus pastores e os teus pastores, porque somos irmãos. 9 Não está toda a terra diante de ti? Eia, pois, aparta-te de mim; e se escolheres a esquerda, irei para a direita; e se a direita escolheres, eu irei para a esquerda. 10 E levantou Ló os seus olhos, e viu toda a campina do Jordão, que era toda bem regada, antes do Javé ter destruído Sodoma e Gomorra, e era como o jardim do Javé, como a terra do Egito, quando se entra em Zoar. 11 Então Ló escolheu para si toda a campina do Jordão, e partiu Ló para o oriente, e apartaram-se um do outro. 12 Habitou Abrão na terra de Canaã e Ló habitou nas cidades da campina, e armou as suas tendas até Sodoma (Gênesis 13.7-12)

Abraão chamou amigavelmente a Ló para terem uma conversa séria, pois estava para estourar um confronto entre os pastores de Abraão e Ló. Qual era o motivo da contenda? Arqueólogos, historiadores e teólogos são unanimes em afirmar que o número de poços de água era insuficiente para manter os grandes rebanhos de Abraão e Ló, além do que, dava muito trabalho vigiar os rebanhos para não se misturarem um com os outros. O que mais impressiona na pessoa de Abraão era a sua sabedoria. Abraão sabia que apesar das campinas terem um solo melhor, também possuíam riscos muito grande devido as batalhas constantes entre as tribos e dos perigos de assaltantes nômades. O outro lado, apesar de ser montanhosa era muito mais seguro do que os campos abertos. Abraão deixou a escolha ao sobrinho para não dar uma de espertalhão. Ló imprudentemente se deixou enganar pelos encantos da terra. Abraão não se achou prejudicado e desejou felicidade ao sobrinho e aceitou pacificamente sua porção. Comentando sobre as pastagens de gado de Abraão Werner Keller diz:

"Por mais que os férteis vales da planície o tentassem constantemente, Abraão preferiu sempre o caminho da montanha. Pois, os arcos e fundas de sua gente não estaria à altura de se medir com os cananeus armados de espada e lanças. Assim, Abraão não se atrevia a deixar as montanhas."

As consequências da escolha de Ló resultaram-se catastrófica, pois em uma guerra entre aqueles povos "também tomaram a Ló". (Gênesis 14.12)

2 - ASSURBANIPAL

O rei Assurbanipal figura poucas vezes na Bíblia, porém, ele foi um dos maiores reis da Assíria. O mundo moderno deve a Assurbanipal, uma biblioteca a qual ele mandou copistas transcreverem muitas das literaturas que havia em sua época para o seu idioma e que a arqueologia descobriu. Posteriormente, os assiriólogos traduziram para as línguas modernas. Essas descobertas tem um aspecto todo especial, elas nos deram mais confirmações da veracidade das Escrituras.

10   E os outros povos, que o grande e afamado Asnapar [Assurbanipal] transportou, e que fez habitar na cidade de Samaria, e nas demais províncias dalém do rio. (Esdras 4.10)

O império da Assíria teve grandes reis, porém, o período de expansão e glória do povo assírio foi relativamente curto (ver cronologia do Antigo Testamento) iniciou-se com o apogeu de Tiglate-Pileser III (744 a 727 a.c.) e terminou sua grandeza após Assurbanipal (669 a 629 a.c.). Este rei tinha hábitos afeminados e por isso os gregos o apelidaram de "Sardanapalo". Desnecessário falar das crueldades do povo assírio. Os assírios eram os guerreiros mais bárbaros da história; Quando capturavam os inimigos eles os cegavam, além de outras atrocidades. Não foi por medo que Jonas não quis pregar para os ninivitas (Nínive era a capital da Assíria), mas por ódio, pois certamente Jonas deve ter visto muitas famílias destruídas dentre os da nação de Israel, que haviam sido deportados para a Assíria, tal era o ódio do profeta contra os assírios que ele preferiu que o jogassem no mar a tomar a decisão de ir pregar arrependimento aos ninivitas. Contudo, Assurbanipal possuía outros comportamentos além do hábito de guerrear. Ele divertia-se com caçadas. Textos cuneiformes enumeram os troféus de Assurbanipal: *"Trinta elefantes, duzentos e cinquenta e sete animais selvagens e trezentos e setenta leões"*. Entretanto, foi à literatura e o hábito de colecioná-las que deu a Assurbanipal grande destaque nos meios científicos e teológicos.

"Assurbanipal mandou copiar as obras literárias da literatura acádia às quais pertence à epopeia Babilônica da criação do mundo; mandou copilar dicionários e gramáticas das diferentes línguas faladas no seu gigantesco império. A biblioteca de Nínive fundada por ele era a maior e mais importante do antigo Oriente."

Rei Assurbanipal eo Leão

Em 663 a.c. Assurbanipal fez sua investida bélica contra a cidade de No-Amon, capital do Alto-Egito, a famosa cidade de cem portas, nos dizeres de Homero, e chamada pelos gregos de Tebas (Naum 3.8). O ataque de Assurbanipal em Tebas foi fatal para o Egito que deixou de ser uma potência mundial. Nos achados arqueológicos se encontrou a descrição do saque a Tebas. Nas palavras do próprio Assurbanipal: *"Conquistei toda a cidade, tomei prata, ouro, pedras preciosas, todas as riquezas do seu palácio, vestes magníficas, linhos, cavalos maravilhosos, escravos, escravas, dois obeliscos. Tirei dos seus lugares as portas do templo e trouxe-as para a Assíria. Trouxe comigo de Tebas uma presa enorme, de valor inestimável."* Em 626 Assurbanipal morre e com ele a Assíria, cuja capital foi tomada pelos babilônios em 612 a.c.

3 – ARQUELAU

Arquelau fazia parte de uma família de vários governadores do Oriente Médio que exerceram seus mandatos em épocas antes e depois de Cristo, num espaço de 80 anos. Seu pai foi o famoso Herodes, o Grande descrito em Mateus 2.1-15. Ele tinha outro irmão chamado Herodes, o Tetrarca, que mandou matar João Batista conforme Mateus 14.1-12. Outro parente seu foi Herodes Agripa I que mandou matar Tiago à espada (Atos 12.1-2), que mandou prender o apóstolo Pedro (Atos 12.3-19), e morreu ferido por um anjo e comigo por bichos (Atos 12.20-23). Herodes Agripa II era filho de Agripa e bisneto de Herodes, o Grande. Agripa II ouviu uma bela pregação de Paulo (Atos 25.13-26).

22 E, ouvindo que Arquelau reinava na Judéia em lugar de Herodes, seu pai, receou ir para lá; mas avisado em sonhos, por divina revelação, foi para as partes da Galiléia. (Mateus 2.22)

Devemos ao historiador judeu Flavius Josefus, que viveu no primeiro século da era cristã as explicações minuciosas do desenrolar político na Judéia e até todo o império romano que por aquela ocasião dominava boa parte da Europa, Ásia, e África, ou seja, quase todo o mundo antigo. Em seus livros: "Antiguidades" e "Guerras judaicas", Flavius Josefus descreve a crueldade e tirania de Herodes, o Grande, e também descreve os dias de angustias, desesperos e revoluções armadas que ocorreram por ocasião da subida de Arquelau ao trono da Judéia.

Certo dia quando o povo fazia protesto contra o falecido Herodes, pai de Arquelau, este monstro mandou as tropas de legiões romanas chacinar o povo em plena praça e três mil pessoas foram assassinadas em um só dia. O pátio do templo em Jerusalém ficou forrado de cadáveres. Ele era tão odiado pelos judeus que enquanto Arquelau ficava em conflito de direito e sucessão com seu irmão Herodes Antipas, os judeus mandaram 50 anciões como embaixadores a Roma para solicitar o fim do domínio dos herodianos.

Nesses dias estourou a maior rebelião dos judeus contra o domínio romano. Houve choques sangrentos, legiões de soldados romanos foram apedrejadas. O próprio procurador de Augusto viu-se obrigado a se entrincheirar apressadamente no palácio. A rebelião foi contida quando um poderoso exército romano, reforçado por tropas de Beirute e Arábia foram destacadas para conter a rebelião. Dois mil revoltosos foram condenados à morte por crucificação. Não foi por qualquer motivo que Josefus procurou se afastar daquelas bandas.

Arquelau, cujo nome significa "chefe" tinha como mãe uma samaritana, e quando menor foi educado em Roma. Governou do ano 4 a.c. até o ano 13 d.c. Finalmente, novos embaixadores de Israel conseguiram junto ao imperador romano a ordem de tirá-lo do governo. Arquelau foi deposto e banido para Viena na Gália, e confiscado todos os seus bens. (Guerras Judaicas 2.7).

4 - CIRO

Leitura Bíblica: Isaias 44.21-25; 45.1-4; Daniel 10.1; II Crônicas 36.22-23; Esdras 1.1-11.

Ciro foi uma personalidade do mundo antigo que mais encantou os registros do historiador grego Heródoto. Testemunhos de todas as partes confirmaram sua existência histórica. Ciro, mesmo antes de nascer, teve o seu futuro predestinado por Deus para libertar o povo judeu que fora deportado para a Babilônia. Deus em sua sabedoria também determinou que por ordem de Ciro o templo dos judeus e a própria cidade de Jerusalém seria reconstruída (Isaías 44.28).

O interessante foi que sua mãe antes de casar teve um sonho: "dela sairia uma torrente de água tal que não só encheu a capital como inundou a Ásia inteira." (Heródoto). Quando Mandana, futura mãe de Ciro estava grávida, o rei Astíages, pai de Mandana teve um sonho em que viu: "Uma videira nascia do ventre da sua filha e que essa videira cobria toda a Ásia."

Quando Ciro nasceu, o avô mandou um soldado leva-lo ao campo e matá-lo, este, com pena da criança, o deu a um pastor de ovelhas para executar a criança, mas este também não cumpriu a ordem. Quando Ciro cresceu, ele mesmo conquistou o trono do rei Astíages, que era o seu avô!

Ciro começou suas campanhas de conquistas militares. Como Persa ele havia conquistado a Média, e agora viria pela frente a Lídia, Ásia Menor, Esparta e a gloriosa Babilônia. Os historiadores concordam que Ciro foi um grande homem que não teve a história manchada com violência brutal, pois essas coisas eram comuns aos déspotas cruéis e que foram absolutamente estranhas para Ciro. Ele era astuto e compreensivo o que lhe garantiu o apreço e respeito até dos povos conquistados.

A maior conquista de Ciro foi a Babilônia. Pelo que a Bíblia registra não houve um cerco de vários meses, nem batalhas sangrentas, mas que a cidade mais fortificada do mundo antigo caiu em apenas uma noite sem oferecer quase nenhuma resistência. Um sacerdote pagão chamado Borosus narrou assim a conquista de Ciro sobre a Babilônia:

"No ano 17 de Nabonidor, Ciro veio da Pérsia com um grande exército, e tendo conquistado todo o resto da Ásia chegou apressadamente a Babilônia. Assim que Nabonidor percebeu que ele vinha ataca-lo, pôs-se em fuga com os seus cortesãos, encerrando-se na cidade de Borsipa. Neste tempo, Ciro tomou a Babilônia e ordenou que os muros externos fossem demolidos por serem causas de grandes dificuldades para tomada da cidade. Em seguida marchou para Borsipa para cercar a Nabonidor, porém, Nabonidor se entregou em suas mãos. Ciro o tratou benignamente, exilou-lhe da Babilônia e deu-lhe habitação na Carmânia, onde passou o resto da sua vida até a morte." (Contra Apiom 1.20).

No livro de Daniel capítulo 5 diz que Belsazar era rei, mas por direito a sucessão ao trono, quem de fato reinava era o seu pai, Nabonidor. Por isso ele ofereceu o terceiro lugar do reino ao profeta Daniel. (Daniel 5.29).

Heródoto escreveu com detalhes a invasão dos Persas e Medos na Babilônia, segundo Heródoto, Ciro mandou desviar o curso do rio Eufrates que passava por dentro da grande cidade da Babilônia, portanto, no dia em que todos estavam em festa, bebendo e despreocupados, Ciro abriu as comportas d'água, desviando alguns quilômetros da cidade o curso do rio, e no lugar onde passava o rio havia agora um vão por onde eles entraram na cidade.

A política de tolerância religiosa fez de Ciro um salvador terreno para os judeus, mesmo não sendo Ciro um filho de Deus, pois Isaías diz:

"Ainda que (Ciro) não me conheças (Isaías 45.4)." Foi ele quem autorizou a volta dos judeus para Israel. Ele mesmo escreveu em um cilindro babilônio:

"Quando entrei pacificamente na Babilônia libertei os habitantes da Babilônia do jugo que não lhes convinhas. Melhorei suas habitações arruinadas, livrei-os dos seus sofrimentos, eu sou Ciro, o rei da coletividade, o grande rei, o rei poderoso, rei da Babilônia, rei dos sumérios e dos acádios. Rei dos quatro canto do mundo, sim, o rei dos céus e da terra com os seus sinais favoráveis entregou em minhas mãos as quatro regiões do mundo. Restituí aos deuses, os seus santuários."

Os fatos narrados na Bíblia são idênticos aos narrados pelos historiadores seculares, portanto, não crer na Bíblia, equivale a negar a história da humanidade.

5 - DAVI

Davi além de rei era um extraordinário músico e não foi por acaso que as Escrituras Sagradas contêm entre os livros poéticos o mais famoso hinário da antiguidade: O LIVRO DE SALMOS. A maior parte é da autoria de Davi.

A arqueologia também contribuiu na comprovação de autenticidade sobre o fenômeno musical que havia em Israel, muitas inscrições e relevos mostram como os instrumentos musicais eram abundantes em Canaã. O interessante na Bíblia é que ela não esconde os erros de seus heróis e isso nós vemos retratado no caso do rei Davi que cometeu um homicídio e um adultério e as Escrituras não omitiram esses fatos lamentáveis da vida de Davi.

Nem os mais ferrenhos críticos duvidam da autenticidade do personagem de grande vulto como Davi. Até o exigente critico Martim Noth admitiu:

"A tradição de Davi deve ser considerada histórica em sua maior parte."

6 - EZEQUIAS

Leitura bíblica (II Reis capítulos 18 ao 20)

Ezequias era um homem de grande visão, além das reformas espirituais que ele fez em Israel, o que lhe valeu o título de reformador espiritual de todos os reis (II Reis 18.5). Como político ele foi astuto e calculista o que favoreceu grandemente a nação de Judá, pois apesar de estar na lista negra da Assíria, vários vizinhos seus já haviam sucumbido ante o poder assírio.

Ezequias sempre conseguia manter alianças com outros inimigos de Assíria. Os espiões assírios haviam percebido o seu jogo e informado Sargão II detalhadamente sobre as negociações secretas de Ezequias com o país do Nilo. Depreende-se isso do texto de um fragmento prismático:

"A Filisteia, Judá, Edom e Moabe que mandaram e planejavam atos de inimizade, maldades sem conta [...] que, a fim de inimiza-la comigo, ao faraó, rei do Egito.[..] presentes para homenageá-lo e procurando induzi-lo a fazer parte de uma aliança [...]"

Ezequias também ficou conhecido através das Escrituras por causa da sua cura maravilhosa. Ele caiu doente (uma espécie de abscesso) e chegou a ser desenganado pelo profeta Isaias, porém, a Bíblia diz que ele orou a Deus e o Senhor ouvindo a oração de Ezequias ordenou que o profeta voltasse e falasse que ele iria viver, e mesmo sendo sua enfermidade aparentemente incurável, com uma simples pasta de figo Ezequias foi curado.

Em 1939 foi descoberto o fragmento de um livro na cidade marítima de Ugarat datado por volta de 1500 a. C. no qual havia instruções médicas até para curar cavalos com unguento de figo e passas. O nome desse remédio é chamado de "DEBELAH' e inclusive ainda hoje é usado por médicos suíços que receitam figos picados embebidos em leite.

Uma história de milhares de anos:

"Eis que reinará um rei com justiça, e dominará os príncipes segundo o juízo. E será aquele homem como um

esconderijo   contra   o   vento,   e
um refúgio contra a tempestade, como ribeiros de águas em lugares
secos, e como a sombra de uma grande rocha em terra sedenta."
(Isaías 32.1-2)

Acredita-se que o jarro abaixo, com um selo que representa um besouro de asas abertas, tenha pertencido ao rei Ezequias. (foto: Rui Schwantes)

Ezequias foi um dos mais importantes monarcas de Judá. Ele governou a região na transição entre os séculos 8 e 7 a.C. e tinha 25 anos quando se tornou rei no lugar de Acaz, seu pai. Entre seus atos como rei destacaram-se a reabertura do templo de Salomão, fechado desde o governo anterior, a restauração da festa de Páscoa como feriado oficial no calendário judeu, o enfrentamento dos exércitos assírios e a implementação de uma série de reformas em Jerusalém, que culminaram na construção do túnel de Siloé.

Até então, tudo o que se sabia do túnel vinha do estudo das inscrições contidas em sua parede. A construção só teve sua idade determinada graças à combinação de duas técnicas de datação. A primeira é a análise do carbono, que consiste na queima de partes orgânicas encontradas junto a um objeto pedaços de planta ou ossos, por exemplo. O método permite saber o percentual aproximado desse elemento num organismo comparado com a época em que ele era vivo.

Isso só é possível porque, quando morremos, nosso corpo para de trocar carbono com o ambiente. O que, durante a vida, ocorre por meio da respiração. Com a morte, a quantidade de carbono diminui gradualmente em quantidade previsível. Assim, é possível estimar com boa dose de precisão a 'idade' de um achado, desde que ele apresente resquícios orgânicos.

No caso em questão, a dificuldade dos arqueólogos, até aqui, era encontrar esses vestígios, já que o túnel estava revestido por uma camada grossa de reboco. O bloqueio só foi vencido com a perfuração da parede em diversos pontos, que permitiu encontrar fragmentos de planta em ótimo estado de conservação.

Esses fragmentos foram submetidos à datação de carbono e seus resultados confirmados com o auxílio da técnica de datação radiométrica, em que elementos radioativos como o tório e o urânio sensibilizam partes do material orgânico. As análises demonstraram que, pela quantidade de carbono remanescente, era possível afirmar que a planta e, portanto, o túnel era mesmo de, aproximadamente 700 anos a. C.

Outros métodos de datação muito adotados são a ESTRATIGRAFIA, determinação da idade de um local pela quantidade de camadas uma sobre a outra, supondo-se que cada uma delas tenha sido formada em uma época diferente, e a SERIAÇÃO, avaliação de objetos encontrados juntos, mas pertencentes a épocas distintas, e, finalmente, a PALEOGRAFIA - análise comparativa do estilo de escrita encontrada em uma superfície.

O trabalho dos pesquisadores israelenses remete à Arqueologia Bíblica, ramo da ciência que se vale de objetos achados em escavações para comprovar a existência de personagens e cenários descritos nas Escrituras. Além do túnel de Siloé, ela já identificou outros fatos e objetos descritos na Bíblia, como o caixão de Tiago, o Código de Hamurabi e a existência de Pôncio Pilatos, que teria ordenado à crucificação de Jesus. As evidências estão catalogadas em museus de países como EUA, Inglaterra, Turquia e no próprio Brasil.

7 - HERODES, O GRANDE

Leitura bíblica (Mateus 2.1-19)

Herodes morreu no ano quatro antes da nossa era, na idade de 70 anos. Segundo as Escrituras ele foi o responsável pela chacina de todas as crianças de Belém. Mais uma vez o historiador contemporâneo do senhor Jesus Cristo confirma a historia bíblica:

"Não era um rei mais sim um tirano cruel que já reinou. Assassinou uma multidão de homens e a sorte dos que deixou com vida era tão triste que os que morreram poderiam se considerar felizes. Em suma, nos poucos anos de reinado de Herodes, os judeus sofreram mais tribulações, do que os seus antepassados no longo período de tempo que mediou entre a saída da Babilônia e o regresso sob Xerxes. Outros afirmam que em 36 anos raramente passou-se um dia sem uma execução." (Flavio Josefo).

8 - JEROBOÃO I

Leitura bíblica (I Reis 14.1-20)

Este filho de Salomão subiu ao trono no ano 930 a.C. e foi o responsável pelo cisma entre Judá e Israel. Enquanto seu irmão Roboão governava em Judá, ele governava sobre as outras dez tribos.

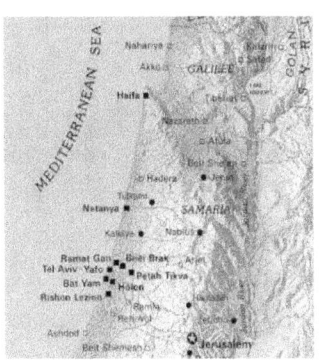

Em 1925 escavações realizadas no TELL EL MUTESELLIM por Clarence S. Ficher ao extrair o III e IV extrato do terreno, parte esta, que representava o período do reino de Israel, foi descoberto dois selos dos quais, um apresentava a seguinte inscrição: "Shema, servo de Jeroboão." Assim sendo, a arqueologia veio contribuir mais uma vez para resgatar a historia do povo de Israel e consequentemente provar a autenticidade da Bíblia Sagrada e da existência dos seus personagens.

9 - JOSÉ DO EGITO

Leitura bíblica (Gênesis capítulos 37 ao 50)

José foi o filho mais novo do patriarca Jacó, este tinha 12 filhos que por sua vez foram os pais das doze tribos de Israel. A Bíblia nos diz que seus irmãos o venderam aos mercadores de escravos, pois sentiam inveja de José. Chegando como escravo no Egito, José foi trabalhar na casa de Potifar, lá, injustamente foi vitima de uma calunia e acabou indo à prisão, contudo sua sorte começou a mudar quando mais uma vez voltou a se manifestar por meio dele uma unção especial para interpretar sonhos, sabendo o rei sobre a habilidade de José chamou-o para interpretar um sonho referente às sete vacas gordas e sete vacas magras e vendo o rei que nele havia sabedoria conferiu-lhe a honra de ser um grão-vizir ou governador do Egito.

Uma coisa intrigava os historiadores, por que não havia nenhum testemunho egípcio sobre esse governador chamado José? A resposta veio por um detalhe: Uma interrupção cronológica nas dinastias dos faraós indicava como sendo aquela à época em que José governou no Egito. Entre os anos de 1780 a 1546 a.C. foi o período em que o Egito havia sido dominado por forças estrangeiras.

As forças estrangeiras que dominavam o Egito chamavam-se OS HICSOS. Um historiador egípcio testemunhou a derrota de seu povo, seu nome era Mâneto, ele disse que "não sei por que Deus estava distante conosco. Surgiram de improviso homens de nascimento ignorado, vindos das terras do Oriente. Impôs dominar o Egito, por fim elegeram rei um dos seus. O nome dele era Salatis, vivia em Mênfis, e impôs tributos ao alto e baixo Egito."

A maneira que a Bíblia descreve a elevação de Jose a vice-rei chega a ser de um rigor quase protocolar. "e tirou faraó o anel de sua mão e o pôs na mão de José, e o fez vestir de vestidos de linho fino, e pôs um colar de ouro no seu pescoço, e o fez subir no segundo carro." (Gêneses 41.42-43).

Assim era que os artistas egípcios representavam em murais e relevos as investiduras solenes e da mesma forma é representado o desfile público em que o primeiro carro cabia ao soberano e no segundo tomava lugar o mais alto dignitário do reino. Várias são as provas arqueológicas que localiza o reino dos Hicsos como a época do governo de José no Egito.

Primeiro, jamais um faraó egípcio iria colocar como governador "um habitante da areia" não havia algo mais desprezível para os egípcios do que os pastores de ovelhas. A própria Bíblia testifica disto dizendo: *"todo pastor de ovelhas é abominação para os egípcios."* (Gênesis 46.34). O grande egiptólogo americano Jamis Henry Breasted afirma: *"naquela época, era bem possível que um chefe da tribo de Israel tivesse conseguido uma alta posição naquele reino."* Outro dado favorável é o número abundante de funcionário com nomes semíticos, no período dos hicsos, inclusive se achou nomes como Jacob.

10 - MANAEM

Leitura bíblica (II Reis 15.17-22).

Manaem reinou em Israel de 752 a 742. Um contemporâneo seu foi o rei da assíria Tiglate-Pileser III. A Bíblia diz que Manaem deu mil talentos de prata ao rei Pul da Assíria. Este Pul era Tiglate Pileser III, nos anais dos reis da Assíria foram registrados este acordo entre os dois chefes de estado: *"recebi tributo de Manaen de Samaria." (escrito por Tiglate Pileser)*. A arqueologia tem a finalidade de comprovar o sacro citando as escrituras profanas.

11 - MOISÉS

A figura mais importante do Antigo Testamento sem duvida é Moisés. Nascido durante a escravidão do povo hebreu no Egito, por providencia divina acabou sento criado pela filha do faraó tornando por adoção, príncipe do Egito. Quando cresceu identificou-se com a causa do seu povo e por matar um egípcio teve que fugir. Após 40 anos refugiado no deserto de Midiã ele foi convocado por Deus e ungido com poderes sobrenaturais para liberta os hebreus. Após lançar 10 pragas sobre o reino do Egito, Moisés comandou a saída dos hebreus até chegar à fronteira da terra prometida, esta peregrinação chama-se ÊXODO.

O nome Moisés tem raiz semítica significando "tirar de", entretanto, na língua egípcia significa simplesmente "filho". Havia muitos nomes egípcios semelhantes ao de Moisés, tais como: Tutmés, Amásis, Tutmose etc. Um fato digno de nota na história de Moisés foi à travessia do Mar Vermelho. Alguns podem perguntar: por que Moisés em vez de se dirigir para a península do Sinai, não tomou o caminho por terra, e ao contrário, foi se bater nas bordas do Mar Vermelho? Ele desconhecia o caminho que dava do Egito a Canãa?

Não, Moisés, aliás, conhecia muito bem a estrada que ligava o Egito com a terra de Canaã. Existe um documento descoberto pelos arqueólogos que dá testemunho de uma época anterior a Moisés, trata-se do escrito de Sinuhe que viveu pelos anos 1980 a. C., portanto, quase 500 anos antes de Moisés. Neste documento já se fala das fortalezas que existiam na fronteira do Egito com a península do Sinai, estas fortalezas eram postos militares ou uma espécie de polícia de fronteira para impedir à fuga de escravos como também a invasão de estrangeiros.

Werner Keller no seu livro "e a Bíblia tinha razão..." diz na pagina 82: *"Uma tentativa para sair à força seria brutalmente impedida pelos hábeis arqueiros e pelas tropas de ligeiros carros de guerras. Foi por essa razão que o profeta (Moisés) PERFEITO CONHECEDOR do país, escolheu um caminho completamente desusado. Moisés conduziu os filhos de Israel para o sul, até o mar Vermelho, onde não existia muralha."*

A figura de Moisés foi tão importante para a humanidade que muitas editoras quando publicam a biografia de grandes personagens da historia raramente Moisés deixa de contar entres os primeiros. Não crer na existência histórica de Moisés é desconhecer a historia e negar as raízes culturais dos judeus, cristãos e mulçumanos. Na melhor das hipóteses é ignorância e na pior é a tentativa louca de negar o inegável.

12 - NABONIDOR

Leitura Bíblica (Daniel 5.29).

A Bíblia só cita a figura de Nabonidor de maneira bem discreta: "pois sendo Belsazar o segundo no reino da Babilônia." Sabe-se pela história secular que o primeiro do reino era Nabonidor, pai de Belsazar. Nabonidor além de rei foi um arqueólogo, os registros babilônios dizem que ele mandou reconstruir a estrutura da cidade de Ur de acordo com a sua forma original, com argamassa e tijolos queimados.

Cilindro com inscrições de Nabonidor.

13 - NABUCODONOSOR

Leitura Bíblica (II Reis 24 e 25, Livros de Daniel e Jeremias e II Crônicas 36.5-21).

Em 1899 a Sociedade Oriental Alemã organizou uma expedição nas ruínas de BABIL no Eufrates sob a direção do arquiteto Robert Keldewey. Deste trabalho foram resgatados os jardins suspensos da Babilônia, a torre de Babel, e no palácio de Nabucodonosor, na porta de Istar descobriu-se inúmeras inscrições.

Este rei, segundo o profeta Daniel foi o maior de todos os reis da Terra (Daniel 2.37-38). Em Jeremias 29.5 e 7 os hebreus foram exortados a submeterem-se ao rei da Babilônia, e realmente aqueles que seguiram seus conselhos se deram bem. Lá os judeus não tiveram que trabalhar em serviços forçados como no Egito. Aliás, as tabuinhas de barro testemunham a prosperidade que eles tiveram, uma delas documentava sobre a empresa MURASHU & FILHOS – GRANDE BANCO INTERNACIONAL. Os historiadores apontam o período da deportação dos judeus para a Babilônia como o marco da entrada destes nos negócios bancários e que se manteve como tradição até os dias modernos.

Certo livro de história apresentava Nabucodonosor assim: *"Nabucodonosor (604-561 a.c.) – Foi o mais celebre soberano dos caldeus. Estendeu as fronteiras do império até o Egito. Aniquilou os fenícios. Subjugou os hebreus, levando-os como cativos para a Babilônia. No seu reinado, Babilônia recebeu o título de RANHA DA ÁSIA. Depois da sua morte o império Caldeu declinou."*

14 - NOÉ

Leitura Bíblica: Gênesis capítulo 6 ao 10.

Toda tradição antiga liga todos os povos em um só ponto: O dilúvio. O mundo anterior a Noé é misterioso e confuso, a própria ciência parece nebulosa em desvendar claramente sobre este passado distante, mas uma coisa é certa, Noé foi testemunha desta mudança. Além da Bíblia outro importante documento histórico que relata a história do dilúvio foi um escrito assírio chamado A EPOPÉIA DE GILGAMESH.

A epopeia de Gilgamesh foi escrita em trezentas estrofes gravada em 12 tabuinhas, chega a ser fantástico a semelhança com a narrativa bíblica. Nesta versão do dilúvio Noé chama-se Utanipstim e toda a narrativa concorda com os pontos centrais da Bíblia, tais como a catástrofe que destrói toda a espécie humana. Inclusive fala-se de uns seres que são nada mais nada menos do que os anjos que caíram em relações sexuais com as filhas dos homens (Gênesis 6.15), ou seja, os anjos materializados e que eram gigantes.

Um trecho da epopeia diz assim: *"Os deuses da Mesopotâmia enchem-se de terror ante a inundação e foram para o céu mais alto do deus Anu. Antes de entrarem lá, agacharam-se como cães. Estão aflitos e abalados pela catástrofe e protestam humilhados e chorosos."*

Segundo o Dr. Aaron Smith, historiador e missionário americano, existem 80.000 obras literárias em 72 línguas que falam sobre o dilúvio. Cientistas, geólogos e especialistas dizem haver evidências de uma grande inundação em todo o mundo, mas principalmente na Mesopotâmia, por essas e muitas outras provas, nós aceitamos sem nenhum constrangimento o dilúvio bem como a existência do principal personagem deste acontecimento: NOÉ.

15 - PAULO, O APÓSTOLO

Paulo era judeu com cidadania romana, natural de Tarso, cidade que nos dizeres de Paulo "não era pouco célebre" (Atos 21.39). Na verdade Tarso era uma metrópole, uma inscrição antiga a chamava de "a grande e esplêndida metrópole da Cicília". Esta cidade ficava aos pés das montanhas do Tauro, no sul da Turquia.

O geógrafo grego Estrabão (63 a. C. a 20 d.C.) refere-se a uma academia de Tarso como sendo tão importante como de Atenas e Alexandria, os centros intelectuais do mundo antigo.

Em Atos 13.14 diz que Paulo e Barnabé pregou em uma cidade chamada Antioquia da Psídia, entretanto, esta cidade desapareceu do mapa por muitos séculos, até que em 1833 Francis V. J. Arandell, capelão inglês de Smirna descobriu-a perto da cidade turca de Jalobatach.

Em Atos 16.12-15 diz que Paulo converteu em Filipos, à beira de um rio, uma mulher por nome de Lídia. Os arqueólogos franceses foram os que descobriram esta colônia romana e o nome daquele rio na qual Paulo esteve na beira chama-se Gangites. Só citamos estas duas cidades pela qual

Paulo passou com a finalidade de provar a autenticidade do "pano de fundo" das viagens missionárias de Paulo. Aliás, um rastreamento arqueológico nos deixa impressionado com a veracidade das Escrituras quando ela fala de certos detalhes históricos e culturais.

Na cidade de Corinto Paulo acabou tendo problemas com os judeus e foi parar nos tribunais e neste ponto a Bíblia refere-se a Gálio, proconsul da região de Acaia (Peloponeso). Este Gálio de Atos 18.12 era o irmão do filósofo Lucio Aneu

Sêneca e o seu nome completo era LUCIUS JUNIUS ANNAEUS NOVATUS GALILIO. Uma certa carta encontrada na antiga Delfos dizia:

"Como escreveu meu amigo e procônsul de Acaia, Lúcio Junio Gálio [...] o imperador Cláudio."

Como podemos ver, as Escrituras Sagradas são fiéis até nos detalhes. Outro detalhe a respeito de Paulo é que ele morreu degolado pela espada e não crucificado como outros apóstolos. Cidadão romano não podia ser crucificado já que era uma morte desprezível que nenhum romano era digno de ser submetido.

16 - PÔNCIO PILATOS

Jesus foi condenado à morte pelo concílio dos judeus, porém somente o procurador romano da Judéia podia autorizar a sentença. Este procurador chamava-se Pôncio Pilatos (Lucas 23.4 e João 19.13). Pilatos, segundo os historiadores, seus contemporâneos, foi descrito assim:

"ele era cruel, a sua frieza de coração não conhecia a misericórdia. Às execuções sem processos legais eram cruéis e sem limites." (Fílon de Alexandria, 25 a.C. a 50 d.C.)

"Pilatos odiava os judeus por isso pensou em libertar Jesus (Lucas 23.4), contudo os judeus ameaçaram em informar o imperador a respeito da decisão de Pilatos caso ele libertasse um homem que "fazia-se rei", isso foi o suficiente para fazer Pilatos recuar (João 19.12-16).

Pilatos estava por este tempo com o seu prestígio abalado em Roma devido uma intriga que ele arrumou com os judeus por causa de um escudo que ele colocou em Jerusalém e que para os judeus era uma abominação. O próprio imperador Tibério ordenou que ele tirasse o escudo da cidade, portanto Pilatos não seguia fielmente os princípios da política colonial romana de respeitar as religiões dos povos conquistados.

17 - RAINHA DE SABÁ

Leitura bíblica: I Reis 10.1-13.

A rainha ou reino de Sabá estava associado a lendária cidade de Marib até que neste século XX alemães e americanos trouxeram à luz finalmente provas definitivas da existência do reino de Sabá e da cidade de Marib, sua capital. Pouco a pouco os documentos antigos confirmaram a existência deste reino.

Um documento assírio do século VIII antes de Cristo menciona Sabá e um comércio intenso que se fazia com o povo desta terra. O alcorão, livro sagrado dos muçulmanos, faz menção ao reino de Sabá: "o povo de Sabá [...] tinha belos jardins onde floresciam os mais deliciosos frutos."

O professor W. F. Albright deu o seguinte parecer após as várias expedições quando voltaram do país do Iêmen: *"Esses resultados demonstram a primazia cultural e política de Sabá nos primeiros séculos depois do ano 1000 a.c."*

Os motivos que levaram a rainha de Sabá a visitar Salomão são bem definidos pelo escritor alemão Werner Keller: *"A rainha de Sabá deve ter incluído no seu programa muitas questões a serem tratadas. O chefe de um país cujas exportações principais tinham, por motivos geográficos, de passar obrigatoriamente por Israel, devia ter, com efeito, muitas coisas a tratar com o rei deste último. Atualmente designaríamos um assunto semelhante a NEGÓCIOS DE NATUREZA ECONÔMICA."*

Só uma questão ainda não ficou completamente esclarecida. Até então não existe nenhuma documentação que assegura que uma mulher tenha reinado em Sabá. Entretanto não se estranharia se em breve alguma descoberta arqueológica nos traga este elo, pois até o Egito já teve mulheres no trono, uma foi Hatshepsut e a outra foi Tewosre. Em Israel havia em tempos remotos uma juíza que chefiou o exército, chamada Débora. Outra explicação cabível é que a mencionada "rainha de Sabá" tenha sido uma representante diplomática do seu país que inclusive em sua bagagem levava presentes reais para o rei Salomão.

Resta-nos dizer que existe uma tradição judaica que afirma ter a rainha de Sabá ficado grávida de Salomão dando origem aos judeus negros do norte da África. Para quem teve mil mulheres como Salomão há muita probabilidade desta tradição estar certa (I Reis 11.3; Cantares 6.8).

18 - SALOMÃO

Leitura bíblica: (I Reis capítulos 2 ao 11).

Salomão foi um rei que segundo a Bíblia recebeu de Deus o dom da sabedoria e este rei havia pedido a Deus tal dom com a finalidade de governar o povo. De fato Salomão foi o rei mais sábio que Israel teve, não somente o mais sábio como também o rei mais rico. Werner Keller comenta sobre Salomão dizendo:

"Salomão era um soberano extraordinariamente progressista. Ele possuía a arte verdadeiramente genial de atrair para o seu serviço peritos e especialistas estrangeiros. Está aí o segredo do desenvolvimento súbito e rápido."

Escavações feitas no TELL EL-HESI, Hazor e Megido mostram que não são exageradas as declarações sobre as frotas de carros e cavalos que o reino de Israel possuía conforme I Reis 9.15; 10.26.

I Reis 10.29 está escrito que Salomão mantinha relações comerciais com os heteus e os sírios e apesar do reino dos heteus (hititas) terem se extinguido em tempos anteriores. Em 1945 o alemão T. Th. Bossart descobriu evidências de que pequenos países remanescentes do antigo reino hitita ainda existiam.

O reino de Salomão também foi caracterizado pela paz que imperou em todo seu domínio. Como prova de amizade entre chefes de Estado, era corriqueiro um rei dar a filha em casamento a outro rei. Salomão só queria PAZ. Esta paz, contudo, custou caro, Salomão acabou se envolvendo com os costumes e religiões das suas centenas de esposas e só para "agradar ao meu benzinho" ele acabou se desviando dos caminhos de Javé Deus (I Reis 11.1-4).

19 - SENAQUERIBE

Leitura Bíblica (II Reis 18 e 19)

Senaqueribe foi um dos principais monarcas da Assíria, cujo povo era cruel e voltado para as atividades militares. Um fato inédito na historia foi que um anjo de Deus matou 185.000 soldados de Senaqueribe em apenas uma noite. Os textos assírios quando falam desse acontecimento simplesmente não comentam nada! Falam do sitiamento a cidade de Jerusalém e não dando sequência aos fatos pulam esta parte e contam sobre o tributo que recebeu mais tarde do rei Ezequias.

Este comportamento era de se esperar de um povo guerreiro que não queria manter nos seus anais uma derrota tão humilhante. Quanto à maneira como ele morreu, assassinado pelos seus parentes, também a arqueologia nos auxilia conforme Asaradão, sucessor de Senaqueribe deixou escrito *"Eles se insurgiram. Querendo exercer a soberania real, mataram Senaqueribe..."* Com estas palavras Asaradão confirma que foram os seus irmãos que mataram Senaqueribe, seu pai, o que prova a autenticidade do relato bíblico em II Reis 19.36-37.

36 Então Senaqueribe, rei da Assíria, partiu, e se foi, e voltou e ficou em Nínive. 37 E sucedeu que, estando ele prostrado na casa de Nisroque, seu deus, Adrameleque e Sarezer, seus filhos, o feriram à espada; porém eles escaparam para a terra de Ararate; e Esar-Hadom, seu filho, reinou em seu lugar.

20 - SÉRGIO PAULO

Leitura Bíblica (Atos 13.7).

Sérgio Paulo, segundo as Escrituras, foi um procônsul romano na ilha de Chipre, na cidade de Pafos. Sérgio muito se interessou pela mensagem pregada pelo apostolo Paulo. No século XIX o professor inglês Jr. Sitlington Sterett em pesquisas na ilha de Chipre achou uma inscrição romana que mencionava o nome do procônsul Sérgio Paulo. Isto serve mais uma vez para comprovar a autenticidade da Bíblia.

Ilha de Chipre, no Mar Mediterrâneo.

III – CIDADES BÍBLICAS

Poucas são as cidades que foram citadas na Bíblia e que ainda hoje são habitadas. A sua imensa maioria não passa de ruínas, novas cidades foram construídas e mesmo as dos tempos bíblicos tem hoje a sua parte nova e moderna enquanto que a parte antiga é ponto turístico e tombado como patrimônio cultural da humanidade. De qualquer maneira para nós, os cristãos é sumamente importante saber que a Bíblia é autentica historicamente ao contrário do que afirmam os incrédulos que em sua maioria nunca leram o GLORIOSO LIVRO DE DEUS.

1- BETE-SA

A cidade de Bete-Sa foi onde o rei Saul teve o seu corpo pendurado no muro da cidade. A setenta quilômetros de Capoa ergue-se a colina de ruínas de TELL EL-HUSN onde nas encostas norte e sul achava- se BETE-SA

2 – CAFARNAUM

Jesus operou tantas maravilhas em Cafarnaum que Mateus chamou-a de "sua cidade" (Mateus 9.1). Foram os arqueólogos H. Kohl e C. Watzinger que descobriram sob os escombros os restos esmiuçados de uma magnífica sinagoga, ambos creram ter encontrado a sinagoga que Jesus pregava aos sábados (Marcos 1.21), mas outros acham que esta sinagoga foi construída no ano 200 da nossa era sobre os alicerces daquela em que Jesus costumava pregar. Cafarnaum está localizada junto ao lago de Genezaré.

Ruínas de uma sinagoga em Cafarnaum

3 - CORINTO

Corinto foi conhecida na antiguidade como uma cidade de grande importância econômica. Ela serviu de intercambio entre o Oriente e a Europa. Em 1895 a American School of Classical Studies empreendeu a tarefa de procurar o local exato deste centro comercial. Finalmente os trabalhos não foram em vão, ao lado oeste da Via Lechaeum foram descobertos os escombros das lojas. Uma inscrição achada neste local datada da época do imperador Augusto, falava de um mercado de carne que havia em Corinto. Neste caso a Arqueologia serviu para provar que em Corinto realmente havia um mercado de carne ou açougue, conforme I Coríntios 10.25.

Corinto.

4 - DAMASCO

Nome de uma cidade da Síria situada no planalto regado pelos rios Ábana e Farfar (II Reis 5.12). Três grandes estradas dirigem-se para Damasco, uma vem do Mediterrâneo outra da Arábia e outra do Egito. Em Atos 9.24-25 fala-se de uma Rua chamada Direita e que hoje é perfeitamente reconhecida.

Esta rua tem cerca de três quilômetros e meio e passo pelo centro da cidade na direção nordeste para sudoeste hoje é rua pobre, mas no tempo do apóstolo Paulo era avenida suntuosa. Na porta ocidental há um portão de 12 metros de altura que alias, foi uma obra dos romanos.

5 - <u>DERBE</u>

Cidade citada na Bíblia em Atos 16.1,6; 20.4 hoje não é mais habitada e não passa de uma ruína, foi descoberta pelo professor Ramsay e Sterrett em Zosta a 6 quilômetros a sudeste de Icônio na estrada que vai da Cilicia Traquéia por Laranda em direção a Icônio.

6 - <u>JERICÓ</u>

A primeira vez que ela é citada na Bíblia é em Números 22.1. A arqueóloga Kathleen declarou ser Jericó a cidade mais antiga do mundo. A colina onde se acham às ruínas de Jericó chama-se TELL ESSULTAN. Os descobridores foram os dois chefes de expedição austro-alemã, professor Ernst Sellin e Cari Watzinger. O que trouxe mais polêmica foi às famosas muralhas derrubadas pelo poder sobrenatural de Deus. Sabe-se hoje que as muralhas foram derrubadas e reconstruídas cerca de 17 vezes. Com certeza uma dessas vezes foi por ocasião da conquista de Josué quando mandou espias (Josué 2.1-14).

Sellin e Watzinger afirma que foi a muralha fortificada exterior que caiu nas mãos de Josué no ano 1200 a. C. Garstang publicou tempos mais tarde que o cinturão interno da cidade de Jericó foi destruído em 1400 a.c. O arqueólogo Hughes Vicent, um dos escavadores de maior êxito em Jerusalém, chegou à conclusão que as muralhas caíram por volta de 1250 a.C. Quanto ao detalhe da data exata não é de grande importância, o importante para nós é sabermos que havia uma cidade chamada Jericó e que havia as famosas muralhas e que estas muralhas caíram por ocasião da invasão dos filhos de Israel em Canaã.

7 - JERUSALÉM

Foi o capitão inglês Warrem que descobriu como Jerusalém foi parar nas mãos do rei Davi, porque até então o significado de II Samuel 5.8 ainda era misterioso. Lutero traduziu a palavra hebraica "sinnor" por goteira, mas que posteriormente foi melhor traduzido por "canal". Entretanto onde ficava este canal que ligava o interior de Jerusalém com a parte exterior fora da muralha? Em 1867 o capitão Warrem visitou a famosa fonte da virgem e notou que havia um buraco escuro, poucos metros acima do lugar onde brotava a água. Alguns anos depois o inglês Parker, em1916, enviado pela Palestine Exploration Fund concluiu que o canal havia sido construído pelos habitantes de Jerusalém para que, quando sitiados pudessem chegar sem perigo à fonte vital.

Um problema ainda ficou pendente é que mesmo que os soldados de Davi passassem pelo canal, eles ainda estavam fora da cidade. Mas finalmente da década de 60 Kathleen M. Kenyon após várias escavações descobriu uma muralha bem mais antiga. Assim os homens de Davi que passaram pelo acesso ao poço não se encontraram diante, mais assim um bom trecho atrás da muralha de Jerusalém e, portanto, dentro da cidade.

Jerusalém sem duvida é um das cidades mais importantes do mundo, não somente nos dias de hoje como também em todos os tempos. Herodes Agripa I quando escreveu uma carta ao imperador Calígula disse: *"Jerusalém não é só a capital da Judéia, mas também da maioria dos países do mundo, em virtude das colônias que no devido tempo enviou para países vizinhos."*

8 – LÁQUIS

Láquis foi conquistada por Josué (Josué 10.3-35) e fez parte ativa na história de Israel até que Senaqueribe sitiou a cidade e fez uma verdadeira chacina. O testemunho histórico deste ataque que Senaqueribe fez sobre as cidades de Judá (II Reis 18.13) e principalmente a cidade de Láquis está detalhadamente gravado em relevo e conserva-se até hoje no Museu Britânico de Londres escavações recentes tem posto a descoberta a muralha da antiga cidade. A localização desta cidade foi assinalada em TELL EL-HESY, a uns trinta quilômetros a nordeste de Gaza ou TELL ED-DUWEIR a 24 quilômetros a oeste de Hebrom.

"Em uma cova no declive noroeste do monte continha ossos de pelo menos 1500 corpos humanos misturados à cerâmica quebrada [...]. Estes podem ter sido corpos levados para fora da cidade pelos vitoriosos assírios." (Wycliffe, 2007)

9 – LICAÔNIA

11 E as multidões, vendo o que Paulo fizera, levantaram a sua voz, dizendo em língua licaônica: Fizeram-se os deuses semelhantes aos homens, e desceram até nós. (Atos 14.11)

Licaônia tinha um dialeto peculiar, possivelmente uma mistura de grego com siríaco. Localiza-se a cem quilômetros de Antioquia, e é atualmente a principal estação da estrada de ferro de Anatólia, hoje chama-se KONYA.

10 – MEGIDO

Em 1925 os americanos usaram de um recurso extraordinário a fim de poderem trabalhar a seu bel-prazer, sem que ninguém os molestasse. Compraram simplesmente toda a colina chamada TELL EL-MUTESELLIM, situada na planície de Jezrael, a noventa proprietários: Pastores e lavradores.

A cidade de Megido era muito importante na palestina e em sua região foi travada dezenas de guerras históricas. Israel, chefiado por Débora, derrotou os cananeus, ali Gideão venceu os medianitas, ali Saul perdeu a batalha contra os filisteus, ali por volta do ano 600 a.c. o rei judeu Josias morreu pelas forças superiores dos egípcios comandados pelo Faraó Neco. As cruzadas católicas travaram ali uma batalha, ali em 1799 franceses e turcos combateram-se. Megido também será o lugar de uma tremenda batalha no futuro a qual a Bíblia chama de Armagedom. (Apocalipse 16.16).

"Os escavadores dividiram a história de Megido em 20 períodos que correspondem aos 20 níveis mais importantes encontrados desde o topo do monte até o leite rochoso." (Wycliffe, 2007)

11 - NAZARÉ

Esta foi uma cidade tão pequena e sem importância que nem o Antigo Testamento, nem os livros apócrifos e nem Flavius Josefus faz qualquer menção dela. Houve até quem duvidasse do lugar geográfico chamado Nazaré, como foi o caso de Mark Lidzbarski, entretanto, achados arqueológicos confirmam a existência deste povoado. Entre estes achados encontraram-se peças datado da época de Herodes, o Grande (40 a.C. a 4 d.C.). Em João 1.46 Natanael referiu-se a Nazaré com desdém, querendo dizer que era um lugar sem nenhuma relevância.

Antes de 1948, Nazaré era uma cidade com uma população de 22.000 habitantes, principalmente composta por muçulmanos e cristãos. Em 1970 sua população havia aumentado para 33.000 pessoas. (Wcliffe, 2007).

12 – NÍNIVE

Até 1840 ninguém sabia exatamente onde se localizava esta cidade, houve até quem duvidasse da existência de Nínive. Mas o cônsul francês Paul-Émile Botta quando passeava pelas margens do rio Tigre percebeu uma colina estranha e achando pequenos fragmentos, resolveu então enviar um relatório para Paris. Imediatamente a Société Asiatique respondeu solicitando que Botta examinasse melhor a região mesmo não sendo ele um versado no assunto. Depois de algumas tentativas sem resultados, Botta estava para desistir quando uns árabes da aldeia de Khursabad informaram que haviam achado, enquanto lavravam a terra umas colunas enormes. A notícia chegou a Europa e o Museu do Louvre enviou o desenhista Eugène Flandin, missão que hoje caberia ao fotógrafo, mas com o seu lápis e papel Eugène foi reproduzindo com fidelidade àquela construção que era parte de um imenso palácio. Erroneamente divulgou-se ter achado a cidade de Nínive. Mais tarde descobriu-se que este palácio era a residência do rei Sargão.

Na verdade Nínive estava soterrada onde Botta pela primeira vez achou os pequenos fragmentos, entretanto, por não persistirem um pouco mais nas escavações deixou esta honra para Henry Layard que em 1845, por incumbência do governo inglês, empreendeu escavações no lugar abandonado por Botta. Somente em 1875 Rawlisen decifrou a escrita Assíria e assim definitivamente estava confirmado pelos escritos ali achados que era em frente à colina de Mossul, a verdadeira localização de Nínive.

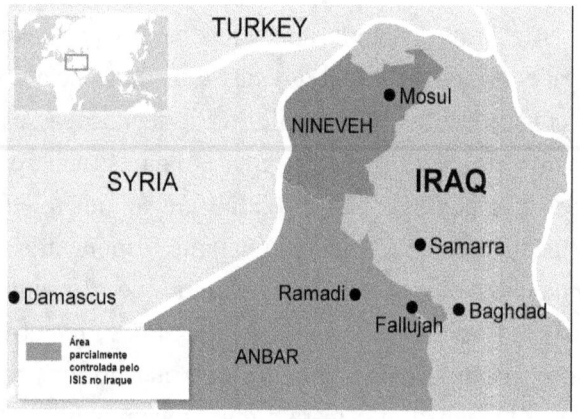

13 – PITOM

11 E puseram sobre eles maiorais de tributos, para os afligirem com suas cargas. Porque edificaram a Faraó cidades-armazéns, Pitom e Ramessés. (Êxodo 1.11)

A Bíblia cita que os hebreus em escravidão no Egito edificaram a cidade de Pitom. As escavações realizadas pela Egyptian Exploration Fund sob a direção de Eduard Naville em TELL EL-MASKHUTA, deram a conhecer a antiga Pitom. Existem evidências que fora construída a fim de armazenar trigo, pois havia muitos celeiros.

Pitom é chamada em egípcio PA-TUM, ou cidade do Deus TUM, adorado pelos egípcios. Em um papiro escrito por um funcionário de fronteira havia uma citação desta cidade. Dizia assim: *"Outro assunto que tenho que comunicar ao meu senhor é o seguinte: Nós permitimos a passagem dos beduínos de Edom pelo forte de Meneptah em Zeku, para os lados dos pântanos da cidade de PA-TUM [...] a fim de que eles e seus rebanhos vivam no domínio do rei, que é o bom sol de todo o país."*

14 – ROMA

A origem de Roma segundo a lenda foi no dia 21 de abril de 753 a. C. Ainda segundo a lenda Rômulo e Remo, os fundadores de Roma, antes de serem recolhidos por um pastor chamado Fáustulo, foram alimentados por uma loba. Entretanto, a maioria dos historiadores acredita que a fundação de Roma deu-se pelo ano 1.000 a.C. pelos latinos que se estabeleceram na colina Palatino em busca de melhores condições. Através de pesquisas apuradas os arqueólogos chegaram aos detalhes de como era Roma nos tempos dos Césares. Entre as consultas de documentos antigos e escavações chegaram a localizar com precisão os pontos importantes da cidade de Roma. A Bíblia testemunha a respeito de Roma dizendo: "A grande cidade que reina sobre os reis da terra."

15 – SAMARIA

Os arqueólogos fizeram duas grandes escavações em Samaria. A primeira foi entre os anos de 1908 e 1910 e a segunda foi entre 1931 a 1935 sendo a primeira patrocinada pela Universidade de Harvard e a segunda, realizada por uma equipe anglo-americana. A primeira capital de Israel após o cisma foi a cidade de Tirza (I Reis 14.17), mas sob o reinado de Onri, este comprou o monte de Samaria, e ali edificou a cidade com este nome (I Reis 16.24)

As escavações demonstraram que a cidade foi bem fortificada. Os muros eram de cinco metros de espessura. Outro detalhe desta construção levada a efeito pelo rei Onri foi o uso de grandes blocos de pedra calcária cuidadosamente talhada. Entretanto, o mais surpreendente foi à descoberta de lascas de marfim que literalmente forravam o chão, inclusive a própria mobília era de marfim. Só havia uma explicação: estava sendo desenterrada naquele instante a CASA DE MARFIM DO REI ACABE:

39 Quanto ao mais dos atos de Acabe, e a tudo quanto fez, e à casa de marfim que edificou, e a todas as cidades que edificou, porventura não está escrito no livro das crônicas dos reis de Israel? (I Reis 22.39)

Desta feita, mais uma vez aquilo que muitos chamaram dos MITOS DA BÍBLIA estava claramente provado, que pelo menos os mitos da Bíblia são fatos históricos.

Peça de marfim da casa do Rei Acabe

16 – SIQUÉM

Siquém é uma cidade muito antiga citada na Bíblia. Durante muito tempo não se sabia onde era a sua posição geográfica até que com a decifração dos hieróglifos achou-se uma citação dela por Chu-Sebek, ajudante de ordens do Faraó Sesotris III que dizia: "Sua majestade marchou para o norte a fim de derrotar os beduínos asiáticos [...] Então caiu Seken com a mísera Retenu." Os egípcios designaram a Palestina e a Síria pelo nome de Retenu. Quanto a Sekemem é a cidade bíblica de Siquém.

A honra de ter descoberto Siquém pertence de fato ao arqueólogo alemão Ernst Sellin. Durante os anos de 1913 e 1914 foram feitas escavações perto da aldeia de Askar e dos altos cumes de Garizim e Ebal. Ali foram encontrados muros do século XIX a.C. Algumas pedras usadas no construção mediam até dois metros de espessura, a este tipo de muralhas desenterradas nas ruínas de Siquém dar-se o nome de MUROS CICLÓPICOS.

CONCLUSÃO

Centenas de cidades citadas na Bíblia já foram resgatadas do passado. Arqueólogos e expedições foram movidos por pequenos versículos, crentes que os fatos narrados nestes textos eram verídicos e graças a Deus, eles não se decepcionaram com a Palavra de Deus. O Senhor Javé fez por onde que todas estas cidades estivessem submergidas nas areias do crescente fértil, para um dia todos os estudiosos pudessem dizer: "Seja Deus verdadeiro e todo homem mentiroso." Sobre isto testifica o escritor Werner Keller: "Se alguém quisesse escrever a história da construção de cidades e fortalezas de Canaã, não teria grandes dificuldades em fazê-lo, dada a abundancia de material existente até o terceiro milênio antes de Cristo."

IV – ACHADOS ESPECIAIS

Incluímos neste capítulo os monumentos, múmias, templos, cidades, fósseis, relevos etc. que são de grandes significados históricos, mesmo que para a arqueologia bíblica não seja de relevância, mas que, por seu valor cultural é de vital importância que o homem de Deus conheça para que possa está preparado para toda boa obra.

21 De sorte que, se alguém se purificar destas coisas, será vaso para honra, santificado e idôneo para uso do Senhor, e preparado para toda a boa obra. (II Timóteo 2.21)

1 – ARCO DE CONSTANTINO

Os imperadores romanos tinham o costume de edificar estes tipos de monumentos em memória de suas realizações militares. Constantino, o primeiro imperador cristão, edificou este arco além de edificar a cidade de Constantinopla como sede do império romano.

2 – ACRÓPOLE DE ATENAS

Grandes filósofos, políticos e poetas pisaram os seus pés na acrópole de Atenas. Acrópole significa o lugar mais elevado de uma cidade, e a Acrópole de Atenas era a mais fantástica em termos de beleza arquitetônica de todo o mundo antigo. Entre as cidades bíblicas que havia acrópole podemos citar Filipos, e Corinto. Na acrópole de Atenas havia vários templos e gigantescas estátuas de deuses gregos.

3 – SUDÁRIOS

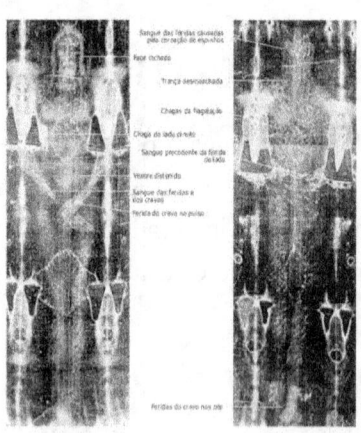

É improvável que os "santos sudários" sejam autênticos. Não passam de culto às relíquias. O mais famoso é o sudário de Turim, mas exames de carbono 14 confirmaram que não passa de uma peça do sexto século depois de Cristo. Outros exames provaram que de fato no lençol do sudário foi mesmo enrolada uma pessoa que morreu por crucificação conforme o texto abaixo:

O sudário de Turim permite reconhecer os lugares exatos dos cravos que não foram pregados nas palmas das mãos e sim nos pulsos. As representações artísticas são falsas do ponto de vista físico e médico. Também aqui uma experiência extraordinária decidiu em favor do sudário. O Dr. Barbet pregou um morto numa cruz; as feridas dos cravos nas palmas das mãos rasgaram-se quando o peso do corpo atingiu quarenta quilos. No pulso, entretanto, há um largo tendão transversal suficientemente forte para aguentar o peso do corpo humano. Os médicos distinguiram, nas marcas das feridas, que a tela apresentava dois tipos de sangue: sangue saído do corpo ainda vivo — esses vestígios encontram-se na cabeça, nas mãos e nos pés — e sangue de cadáver procedente da ferida feita no lado do tórax e também nos pés. Até aqui testemunharam as ciências físicas e naturais. Falta ainda, contudo, responder a esta pergunta: de quem foi o corpo envolto nesse sudário e quando isso aconteceu? (E a Bíblia tinha razão... ,1955)

4 – MÚMIAS

As múmias eram os cadáveres dos faraós que após a morte sofriam um tratamento de embalsamento. Através de substâncias balsâmicas e químicas. Os médicos egípcios preparavam os cadáveres para conservarem-se por muitos milênios. José do Egito, filho de Jacó foi embalsamado juntamente com Jacó.

> 1 ENTÃO José se lançou sobre o rosto de seu pai e chorou sobre ele, e o beijou. 2 E José ordenou aos seus servos, os médicos, que embalsamassem a seu pai; e os médicos embalsamaram a Israel. 3 E cumpriram-se-lhe quarenta dias; porque assim se cumprem os dias daqueles que se embalsamam; e os egípcios o choraram setenta dias. 26 E morreu José da idade de cento e dez anos, e o embalsamaram e o puseram num caixão no Egito. (Gênesis 50.1-3, 26)

Palestinos vandalizando o túmulo de José do Egito

5 – BABILÔNIA

A reconstituição da cidade de Babilônia mostra todo o seu esplendor, não foi à toa que o profeta Daniel disse que a Babilônia era a cabeça de ouro das nações.

E onde quer que habitem os filhos de homens, na tua mão entregou os animais do campo, e as aves do céu, e fez que reinasse sobre todos eles; tu és a cabeça de ouro. (Daniel 2.38)

As ruínas da antiga Babilônia atestam a grandeza deste reino tantas vezes citado na Bíblia.

Instituto Oriental, Universidade de Chicago. — "E os israelitas foram transportados à Babilônia por causa de seus pecados" (Crônicas I 9.1). Nesta magnífica metrópole internacional, com largas ruas, viveu Judá no exílio. "Junto aos rios da Babilônia, ali nos assentamos, nos pusemos a chorar" (Salmos 137.1). Atrás das poderosas muralhas da cidade do Eufrates erguia-se, perto do templo de Marduch, "Etemenanki", a torre da Babilônia. Tinha noventa metros de altura, sendo, portanto, exatamente tão alta como a Estátua da Liberdade do porto de Nova York. (E a Bíblia tinha razão..., 1955)

6 – PINTURA NO TÚMULO

Esta pintura no túmulo do príncipe Egípcio Beni-Hassan mostra a maneira de vestir-se dos semitas e em especial os hebreus. Os homens usavam túnicas e calçavam sandálias, enquanto as mulheres calçavam sapatos, e um detalhe, as túnicas eram em geral "abaixo do joelho". Outro detalhe interessante são os cabelos: Os homens usavam cabelos curtos e comumente usavam barbas. As mulheres tinham cabelos compridos e em geral aparados nas pontas e com franjas na testa. A maneira destes semitas se vestirem está de acordo com as ordens de Deus que os homens devem se vestir de uma maneira e as mulheres de outra conforme Deuteronômio 22.5. Quanto aos cabelos, também Deus ordenou cabelos curtos aos homens e compridos as mulheres. (I Coríntios 11.14-15)

Não haverá traje de homem na mulher, e nem vestirá o homem roupa de mulher; porque, qualquer que faz isto, abominação é a Javé teu Deus. (Deuteronômio 22.5)

14 Ou não vos ensina a mesma natureza que é desonra para o homem ter cabelo crescido? 15 Mas ter a mulher cabelo crescido lhe é honroso, porque o cabelo lhe foi dado em lugar de véu. (I Coríntios 11.14-15)

7 – FÓSSEIS

É lamentável a falta de espírito científico que há em certos pesquisadores que baseando-se em um fêmur, e em um antebraço alardeiam nos meios científicos, declarando ter descoberto outro ancestral na escala evolutiva do homem. A Teoria da Evolução é mais uma questão de crença do que de ciência. Estudamos esta questão com mais detalhes no livro BIOLOGIA – O MITO DA EVOLUÇÃO.

A – Se atraso tecnológico significasse ser pré-histórico, certas tribos indígenas estariam no ano 100.000 antes de Cristo.

B - Os fósseis de muitos animais tipificados como "pithecus" são espécies extintas de símios.

C – Os ditos homens de Neanderthal da Alemanha não eram elos entre seres primitivos e os homens, mas uma raça humana extinta.

8 – MANUSCRITOS ANTIGOS

A Bíblia é o livro histórico de maior segurança. Não houve nenhuma fraude, nem falsificações, e os acréscimos foram facilmente identificáveis. Ainda hoje existem manuscritos que foram escritos quase na mesma época do original, ou seja, copias dos primeiros exemplares.

Só no depósito do sótão da sinagoga do Cairo foram descobertos cerca de 200.000 manuscritos e fragmentos, e destes, 10.000 eram manuscritos bíblicos. Dos 200.000 encontrados no Cairo, 100.000 estão guardados em Cambridge. No Museu Britânico se encontram 161 manuscritos em hebraico. Só nos Estados Unidos existem cerca de 500 manuscritos bíblicos.

9 – MANUSCRITOS DO MAR MORTO

Em 1947 um pastor árabe chamado Mohamed Ad-Dib por acaso descobriu dentro de uma caverna, próximo ao Mar Morto, uns rolos de pergaminhos. Mas foi em 1948 que o mundo ficou sabendo desta descoberta. O primeiro a trabalhar nestes rolos foi o professor Sukenik da Universidade Israelita de Jerusalém, outros fragmentos foram levados à Escola Americana de Pesquisas, e finalmente, em 1949 se deu licença para os arqueólogos entrarem nesta região. Foram vasculhadas várias cavernas, e muitos livros do Antigo Testamento foram achados.

No princípio das descobertas os inimigos do cristianismo faziam supor por meio de suas literaturas que tal descoberta iria abalar os fundamentos da fé dos judeus e cristãos. O resultado foi justamente o contrário, os manuscritos encontrados nas cavernas de Qumrân provaram que a Bíblia que temos em mãos foi perfeitamente conservada. Mantendo sua integridade literária no percurso da história. Um dos rolos do Mar Morto de maior importância é o manuscrito completo de Isaías (IQIsa), de antes do ano 100 a.C.

Grande Rolo de Isaías (1QJsa)
7,5 m de comprimento
26 cm de altura
17 pedaços de pele de carneiro costurados
Escrito: ~ 100 a.C.
Descoberto: 1947 d.C.

10 – SARCÓFAGO DE TUTANCÂMON

Havia uma inscrição antiga que amaldiçoava com pena de morte quem mexesse na tumba de tumba de Tutancâmon. O inédito aconteceu quando o Lord Carnavon morreu logo após ter descoberto a tumba deste Faraó. A explicação dada na época foi que o Lord foi picado por um inseto que transmitindo uma doença, este veio a falecer. Outras teorias com o tempo foram levantadas, tais como a do professor egípcio Zakharia Ghoneim que acredita que as substâncias usadas para conservar as múmias possuíam partículas radioativas e, portanto, as câmaras mortuárias estavam cheias de pó radioativo. A nosso ver tudo indica que havia mesmo uma maldição de poder demoníaco, agora, como esta força maligna operou não nos compete explicar. Seja mosquito, seja radioatividade, isto não vem ao caso, a verdade é que mexer com forças ocultas pode trazer consequências desagradáveis ao curioso.

11 – O EGITO

Um dos berços da civilização é o Egito. As estátuas, os templos, as pirâmides, a esfinge, os hieróglifos, e os relevos nos faz imaginar a grandeza desta nação que foi uma das primeiras potências da antiguidade. O Egito é citado na Bíblia do primeiro ao último livro. A primeira vez é em Gênesis 10.6 sob o nome de Mizraim, sendo este um dos filhos de Cão, filho de Noé. A história do patriarca José do Egito é rica de detalhes sobre a cultura, comportamento, clima, arquitetura, etiquetas oficiais, tudo comprovando que as narrativas bíblicas são compatíveis com o que a história secular transmite sobre o antigo Egito.

12 – ASSÍRIA

A reconstrução dos palácios da antiguidade e os relevos são testemunhos atuais da existência deste povo citado várias vezes no Antigo Testamento. A Assíria fazia limites com as montanhas da Armênia. A capital da Assíria era Nínive, tantas vezes citada na Bíblia. O estudo sobre a Assíria se tornou tão importante que foi criado uma ciência especifica para estudar a cultura deste povo bíblico: A Assiriologia. Como na Assíria havia pedras em abundância, eles construíam com este material e não com tijolos de barro como os seus vizinhos os babilônios. No Museu do Louvre e no Museu Britânico se encontram muitas peças assírias que foram transportadas a Europa pelos arqueólogos do século XIX.

13 – FENÍCIA

Salomão. Túmulo do rei Hirão que cooperou na construção do templo de

Este vizinho dos israelitas era um daqueles povos que Deus ordenou para destruir (Deuteronômio 7.1-6), diversas vezes o povo de Israel se desviou do verdadeiro culto e caiu na idolatria que na maioria das vezes era o culto a BAAL, principal divindade Fenícia. Suas duas principais cidades eram Tiro e Sidom. Seu território correspondia em parte do que hoje é a Faixa de Gaza. No período do rei Salomão, houve muita influência da cultura Fenícia em Israel conforme observa Werner Keller:

O templo de Tell Tainat era fenício e, para a construção do seu templo em Jerusalém, Salomão também recebeu mão-de-obra de Hirão, rei de Tiro (Reis I 5.6; Crônicas II 26, 2.12). O acabamento e a decoração internos do templo eram fenícios, em parte, ou pelo menos de influência fenícia; isso vale mormente para os querubins montando guarda na Arca da Aliança no "tabernáculo" (veja Êxodo 25.18 a 22; 37.7 a 9; Reis I 6, 23.35; Crônicas II 3.7; 3.10 a 14). Esculturas correspondentes, que dão uma ideia de como era aquela estranha mescla de estilos, foram encontradas nas regiões de difusão da cultura fenícia. O mesmo vale para os vasilhames de culto, descritos pela Bíblia, os quais igualmente foram achados no âmbito cananeu-fenício e no próprio perímetro da civilização fenícia, que se estendeu até Chipre. O arqueólogo é um detector de pistas que, como em um jogo de quebra-cabeça, vai juntando um indício a outro, tão logo o detecte. Aparentemente, na busca de protótipos do templo de Salomão, em Jerusalém, todas as pistas levam para Canaã e a Fenícia. (E a Bíblia tinha razão..., 1955)

14 - POMPÉIA

Esta foi outra cidade da antiguidade que já não existe, teve um fim semelhante à Sodoma e Gomorra, quando o vulcão Vesúvio entrou em erupção, todos os moradores foram soterrados vivos pelas lavas incandescentes. Pompéia para o estudante da Bíblia tem valor histórico, mas não é citada na Bíblia.

V – HISTÓRIAS CONFIRMADAS

Como já falamos anteriormente, muitos detalhes da Bíblia estão confirmados com provas materiais, entretanto, por falta de espaço neste nosso estudo de Arqueologia Bíblica, somente relacionaremos aqui alguns casos que julgamos interessante.

1 – A TERRA CAÓTICA

Possivelmente se não fosse descoberto os fósseis dos animais pré-históricos certamente nunca compreenderíamos o significado de Gênesis 1.2, pois fala de uma época em que a terra 'ficou sem forma e vazia", quando foram desenterrados os fósseis dos dinossauros e outros tantos animais extintos, cogitou-se então uma explicação cabível. Estes animais podem ter sido exterminados no momento em que Satanás e os seus anjos foram precipitados no planeta Terra, e cheio de fúria, ele e seus anjos provocaram alguma catástrofe que liquidou com a vida pré-histórica. Depois deste provável evento, Deus recriou a vida na terra e fez o homem, mas outro evento de grande magnitude, o dilúvio, destruiu quase totalmente a vida na Terra.

2 – RIOS DO ÉDEN

A procura pelo paraíso perdido estimulou a imaginação de muitas pessoas. Logo que as Américas foram descobertas, muitos acharam que se tratava do próprio paraíso, outros já afirmaram que a floresta amazônica era o Éden, contudo, quando os homens brancos se embrenharam mata adentro perceberam que do Jardim do Éden só uma coisa era semelhante, as muitas árvores. Parasitas, animais selvagens, barreiras geográficas fazem da Amazônia um verdadeiro inferno para o estilo de vida moderna. Mas deixando as especulações baratas, observemos os fatos. A Bíblia diz que saiam do Jardim do Éden quatro rios. Onde existe este lugar na Terra? No crescente fértil, na Ásia. A Bíblia cita o nome de dois rios que saíam do Éden e que são muito conhecidos dos estudantes da Bíblia: Os rios Tigre e Eufrates. Inclusive as nascentes destes rios são próximas. Assim, podemos conciliar esta realidade geográfica com o texto bíblico.

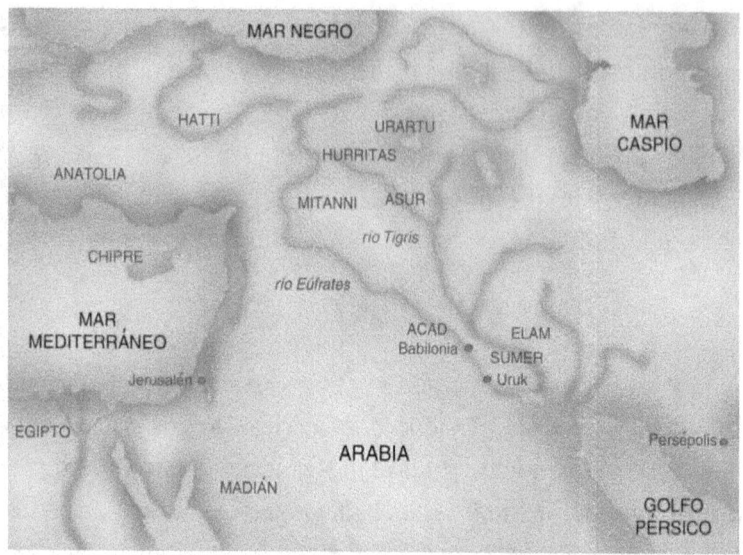

- Após a queda de Adão, o planeta Terra e toda a natureza animal e vegetal também sofreram os efeitos da maldição:

15 E porei inimizade entre ti e a mulher, e entre a tua semente e a sua semente; esta te ferirá a cabeça, e tu lhe ferirás o calcanhar. 16 E à mulher disse: Multiplicarei grandemente a tua dor, e a tua conceição; com dor darás à luz filhos; e o teu desejo será para o teu marido, e ele te dominará. 17 E a Adão disse: Porquanto deste ouvidos à voz de tua mulher, e comeste da árvore de que te ordenei, dizendo: Não comerás dela, maldita é a terra por causa de ti; com dor comerás dela todos os dias da tua vida. 18 Espinhos, e cardos também, te produzirá; e comerás a erva do campo. 19 No suor do teu rosto comerás o teu pão, até que te tornes à terra; porque dela foste tomado; porquanto és pó e em pó te tornarás. (Gênesis 3.15-19)

Os geólogos concordam que em um passado remoto todos os continentes eram unidos até que foram se dividindo e até hoje ainda os continentes estão se movendo. A Bíblia fala de uma época em que a Terra se repartiu.

25 E a Éber nasceram dois filhos: o nome de um foi Pelegue, porquanto em seus dias se repartiu a terra, e o nome do seu irmão foi Joctã. (Gênesis 10.25)

Assim, é absolutamente lógico que as modificações ocorridas na crosta terrestre tornaram difícil localizar precisamente onde era o Jardim do Éden. Há indícios que o Mar Negro era antigamente uma planície que foi submersa repentinamente por um dilúvio oriundo do Mar Mediterrâneo através do estreito de Bósforo, o que também sugere que ali poderia ter existido o Éden.

Em 1929 o arqueólogo Woolley em busca dos vestígios do dilúvio levava em conta nas suas pesquisas um fato pitoresco do delta do rio Eufrates. A acumulação de aluviões do rio Eufrates faz com que a cada ano o delta do rio avance 25 metros adentro do golfo pérsico, ou seja, a cada ano, a terra invade 25 metros do mar. Isto serve para figurarmos o problema das variações geográficas, principalmente se referindo a um passado tão distante.

3 – PATRIARCAS NO EGITO

Conforme Gênesis 12.10 a terra de Canaã sofria mais um período de seca e fome e para onde iam os nômades nestes períodos de dificuldades? Ao país de Faraó. Quadros como aqueles descobertos em 1890 pelo inglês Newberry em que se veem semitas peregrinando no Egito é uma das provas destas frequentes peregrinações.

O Egito sempre tinha verdes pastos graças às inundações constantes e regulares do rio Nilo. Então, quando não se tinha outra solução, a única esperança era o Egito. Já naquela época havia burocracias para entrar no país, por isto Abraão passou alguns apuros com as autoridades do Egito.

14 E aconteceu que, entrando Abrão no Egito, viram os egípcios a mulher, que era mui formosa. 15 E viram-na os príncipes de Faraó, e gabaram-na diante de Faraó; e foi a mulher tomada para a casa de Faraó. (Gênesis 12.14-15)

Havia no Egito uma atividade chamada CAVADOR DE CANAIS para aproveitar ao máximo a dádiva do Egito, o Nilo.

4 – HEBREUS ESCRAVOS NO EGITO

Sábio foi realmente o autor de Eclesiastes que no capitulo três ensinou que há tempo para todas as coisas. Na hora da fome Abraão no TEMPO CERTO saiu de Canaã e foi para o Egito. Como todos sabem José foi Vizir ou Governador no Egito, na época em que provavelmente os Hicsos dominaram o Egito, porém, quando acabou este período, os hebreus deveriam ter se mandado do Egito, mas ficaram e acabaram sendo escravizados.

Novamente Newberry foi o descobridor de algo inédito. Próximo a Tebas foi encontrado um quadro em que mostra semitas de pele clara trabalhando forçado em construções egípcias. Em uma inscrição se pode ler: "O varapau está na minha mão, não sejais indolentes." (Dito por um capataz egípcio em hieróglifos). Foram tempos terríveis para os hebreus. Imaginamos a indignação de Moisés quando viu um hebreu apanhando de um egípcio e movido de ódio, o matou (Êxodo 2.11). Muitas das construções fabulosas como as pirâmides (menores) e as cidades de Pitom e Ramsés foram construídas pelos hebreus.

11 E puseram sobre eles maiorais de tributos, para os afligirem com suas cargas. Porque edificaram a Faraó cidades-armazéns, Pitom e Ramessés. (Êxodo 1.11)

5 – ÊXODO

A história do Êxodo além dos espetaculares milagres realizados por Deus como as dez pragas no Egito, a travessia do

Mar Vermelho, o maná e as codornizes ainda possui outra questão polêmica: A DATA. A tábua cronológica que temos do Antigo Testamento apresenta um problema no que se refere ao êxodo, pois não sabemos com precisão se este evento ocorreu durante o reinado de Faraó Amenotepe II (1447 a 1421) ou sob o reinado de Ramsés (1300 a 1234) ou sob o reinado de Merneptá (1234 a 1224). Alguns acham que Ramsés foi o Faraó da opressão, mas foi sob Merneptá que Moisés saiu do Egito com o povo. A teoria mais antiga esta perdendo força devido às descobertas mais recentes.

A questão da data é difícil porque não sabemos quando começou a vigorar o vaticínio de Deus sobre os 400 anos de peregrinação que ainda o povo de Abraão deveria esperar até ter sua própria terra. (Veja Gênesis 15.13). Se formos contar daquele momento que Deus falou com Abraão em diante, então cairemos em Amenotepe II, mas se formos contar do momento em que Jacó emigrou para o Egito, então aumenta as probabilidades do êxodo ter ocorrido sob o reinado de Ramsés II ou Merneptá. Entretanto, por falta de dados mais concretos preferimos não dogmatizar em questão de datas e esperar os resultados de pesquisas futuras.

O americano William Foxwell Albright considerado um dos poucos eruditos de formação universal (ele era teólogo, historiador, filósofo orientalista e arqueólogo) autor de várias obras entre elas: "Archaelogy and the religion of Israel", e "Archaelogy of Palestine" declarou sua posição a respeito da narrativa bíblica do êxodo:

"Segundo o nosso conhecimento atual da topografia do delta oriental, a narrativa do começo do Êxodo (12.37; 13.20), é absolutamente exata topograficamente. Novas provas sobre o caráter essencialmente histórico da narrativa do êxodo e a peregrinação pelas regiões do Sinai, Midian e Cades, não serão difíceis de obter graças aos nossos conhecimentos arqueológicos e topográficos cada vez maiores. Por enquanto devemos contentar-nos com a segurança de que a posição hipercrítica que ainda predomina, como a que existia sobre as primeiras tradições históricas, não tem mais justificativa. Até a data da saída do Egito, por tanto tempo discutida, pode agora ser fixada dentro de limites não muito amplos [...] Se a fixarmos em 1290 a.C., dificilmente erraremos, uma vez que os primeiros anos de Ramsés II (1301 a 1234) foram dedicados em grande parte a construção da cidade que deu o seu nome – a Ramsés da tradição israelita. A extraordinária coincidência entre esta data e os quatrocentos e trinta anos referidos no Êxodo 12.40 – a imigração deve ter tido lugar por volta de 1270 a.C. – poderá ser puramente acidental, mas é muito difícil que o seja."

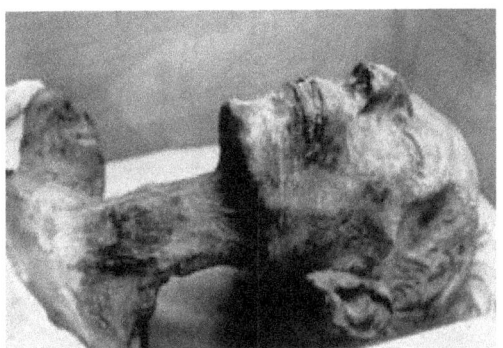

Múmia de Ramsés II

6 – CODORNIZES DO MAR

Quando os israelitas saíram do Egito eles foram pelo Mar Vermelho e milagrosamente Deus abriu o mar, mas já do outro lado, na península do Sinai, por duas vezes Deus fez soprar um vento favorável que fez as codornizes caírem no arraial dos israelitas.

12 Tenho ouvido as murmurações dos filhos de Israel. Fala-lhes, dizendo: Entre as duas tardes comereis carne, e pela manhã vos fartareis de pão; e sabereis que eu sou o Javé vosso Deus. 13 E aconteceu que à tarde subiram codornizes, e cobriram o arraial; e pela manhã jazia o orvalho ao redor do arraial. (Êxodo 16.12, 13)

31 Então soprou um vento do Javé e trouxe codornizes do mar, e as espalhou pelo arraial quase caminho de um dia, de um lado e de outro lado, ao redor do arraial; quase dois côvados sobre a terra. 32 Então o povo se levantou todo aquele dia e toda aquela noite, e todo o dia seguinte, e colheram as codornizes; o que menos tinha, colhera dez ômeres; e as estenderam para si ao redor do arraial. 33 Quando a carne estava entre os seus dentes, antes que fosse mastigada, se acendeu a ira do javé contra o povo, e feriu o Javé o povo com uma praga mui grande. 34 Por isso o nome daquele lugar se chamou Quibrote-Ataavá, porquanto ali enterraram o povo que teve o desejo. (Números 11.31-34)

O milagre consistiu em Deus ter feito soprar o vento na direção do arraial (Números 11.31). O fenômeno das codornizes cruzarem por ali é normal, pois todas as primaveras as codornizes emigram no mês de março, para a Palestina, vindas da África em grandes bandos, e só retornam à África ao aproximar-se o inverno. Estas aves atravessam o Mar Vermelho, onde muitas vezes enfrentam as forças do vento e ao chegar à outra borda é comum elas se precipitarem ao chão a fim de recobrarem as forças. O historiador judeu Flavius Josefus no seu livro Antiguidades III, 1.5 narra uma experiência semelhante, e inclusive nos nossos dias os beduínos dessa região apanham as codornizes exaustas.

7 – 40 ANOS NO DESERTO

Um povo que passou 400 anos trabalhando em construção civil com certeza não estava preparado para enfrentar nações acostumadas com a guerra, o povo estava com medo.

28   Para onde subiremos? Nossos irmãos fizeram com que se derretesse o nosso coração, dizendo: Maior e mais alto é este povo do que nós, as cidades são grandes e fortificadas até aos céus; e também vimos ali filhos dos gigantes. (Deuteronômio 1.28)

Só havia um remédio, era necessário que o povo fosse preparado, por isso Deus estipulou o tempo de 40 anos de peregrinação pelo deserto, tendo eventualmente alguns conflitos armados a fim de se prepararem para o grande momento da conquista. Werner Keller como profundo pesquisador das coisas referentes às Escrituras fez o seguinte comentário a respeito da peregrinação no deserto:

Israel desconhecia inteiramente a arte da guerra, dispondo apenas de armas primitivas [...] apesar da nova crença e das experiências da fuga passada em comum, não era ainda bastante unidos para se medirem num choque armado com uma potência superior. Nem o tempo, nem os homens estavam ainda maduros para a grande hora. A peregrinação devia recomeçar, o tempo das provas e da preparação devia ser prolongado a fim de que aqueles fugitivos que procuravam uma pátria se tornassem um povo decidido, rijo e acostumado às privações. Antes, teria que crescer uma nova geração. (E a Bíblia tinha razão..., 1955)

No deserto, Israel viveu como nômades, apesar de que, não se tratava de zonas mortíferas como as dunas de areias do Saara africano, o ambiente de peregrinação tinha um caráter de estepe com pastos e poços de água, ainda que em quantidade insuficiente. As melhores regiões eles teriam de conquistar com braço forte. Quando finalmente os israelitas estavam às portas de Canaã, eles resolveram enviar espiões, que após examinar a terra, trouxeram frutos dela. Em Números 13.23 fala-se que dois homens trouxeram em uma vara, um cacho de uva, contudo, não se deve acreditar que seja um único cacho, mas uma cepa inteira com as frutas, pois provavelmente os espiões cortaram-na juntamente com os cachos a fim de conservarem as uvas frescas durante a viagem de regresso. Ainda hoje, nas regiões a sudoeste de Hebrom acham-se cachos pesando cerca de meio quilo.

8 – GIGANTES PÓS-DILUVIANOS

Quanto aos gigantes pré-diluvianos não resta dúvida que se trata de "anjos que abandonaram o seu principado" (Judas 6). Entretanto, quem são estes gigantes que surgiram depois do dilúvio?

Werner Keller, escritor diversas vezes citado aqui nesta obra, parece não ter uma resposta concreta, pois ele diz: *"Os grandes túmulos de pedra e as narrativas de gigantes são novos testemunhos da história colorida e acidentada daquela estreita faixa de terra na costa do Mediterrâneo."*

Existem evidências que houve gigantes na Europa, Ásia e algumas ilhas dos mares do sul. Testemunham quanto a isso, as chamadas sepulturas megalíticas. Em 1918 o explorador alemão Gustav Dalman descobriu um leito na região onde reinou o rei Ogue. O único que ficou do resto dos gigantes.

11 Porque só Ogue, o rei de Basã, restou dos gigantes; eis que o seu leito, um leito de ferro, não está porventura em Rabá dos filhos de

Amom? De nove côvados, o seu comprimento, e de quatro côvados, a sua largura, pelo côvado comum. (Deuteronômio 3.11)

O texto dá a entender que Ogue foi um descendente dos gigantes pré-diluvianos, mas somos levados a não aceitar esta interpretação devido ao fato que estes seres foram presos no abismo após o dilúvio (Judas 6). Portanto, só existem duas possibilidades; 1 – Estes gigantes eram uma raça jafetista ou Indo-europeu cuja característica genética era as dimensões avantajadas do corpo. Assim como existem pigmeus que são uma raça de pequeninos ou 2 – Estes gigantes eram casos isolados de crescimento anormal de alguns indivíduos de qualquer raça. Pois praticamente em todos os povos existem aqueles "grandalhões".

9 – ISRAEL INVADE CANAÃ

Como já falamos anteriormente, não temos certeza quanto ao tempo que vai de Abraão a Davi, portanto se seguirmos a teoria recente da cronologia do Antigo Testamento devemos datar a invasão dos israelitas em Canaã no ano 1.200 a.C. Na verdade o tempo era propício, seja qual for o tempo cronológico, pois a história em Canaã favorecia uma invasão tendo em vista que as cidades-Estados estavam em decadência devido as constantes guerra entre si, nesta época Canaã era província egípcia e os comissários de Faraó era corruptos. Vestígios arqueológicos provam que as casas eram mais primitivas, indicando a pobreza em que viviam os cananeus.

Ainda com certas vantagens devido à crise em Canaã, Josué atacou primeiramente as áreas menos povoadas e as terras montanhosas, porque ele sabia que ainda eram muitas as desvantagens em questão de tecnologia bélica. Assim, seguia Josué o princípio de menor resistência. Entre as cidades destruídas por Josué estavam Hazor (Josué 11.10-11), e de fato, estratos da destruição de Hazor datam do final da Idade de Bronze, mais ou menos no final do século XIII a.c., lá foram encontrados escombros com cinzas, testemunhando que de fato ela havia sido queimada e inclusive seus ídolos foram encontrados aos pedaços, conforme ordem expressa dada por Deus (Deuteronômio 7.23-25).

Ruínas de Hazor, hoje patrimônio mundial da humanidade.

10 – OS JUÍZES

Os juízes eram chefes que surgiram em momentos de opressão nacional e que unificavam o povo contra o inimigo comum. Agora, neste período, Israel transformou-se em um povo guerreiro. Só na cidade de Betel, no território de Benjamin, o arqueólogo Albright desenterrou quatro camadas de destruição datadas entre 1200 a 1000 a.c., o que prova o quanto Israel lutava. Outro passo importante par a ocupação de todo o território foi dado por Baruque da tribo de Issacar, que desceu das regiões montanhosas e atacou Sísera (Juízes 4.14), ambos pelejaram até Taanaque, pela primeira vez Israel derrotou um exército com carros em campo raso. O notável é que na época de Baruque, quem julgava em Israel era uma mulher: Débora.

CONCLUSÃO

Este livro é apenas uma introdução à Arqueologia Bíblica, portanto, não fomos à exaustão em tratar os assuntos que abrange este tema. Seria necessária uma gigantesca enciclopédia com vários volumes para podermos esmiuçar todas as evidências históricas sobre as narrativas bíblicas. Nestas páginas o leitor foi introduzido nos estudos arqueológicos para que possa ter convicção e certeza que a Bíblia que manuseamos em nossos cultos e congregações não é um livro mitológico e de lendas antigas, mas de fatos verídicos que dão testemunho de como Deus agiu na história e foi se auto revelando aos homens pelos seus profetas. Espero ter ao menos despertado o desejo dos leitores em conhecer as Sagradas Escrituras, que além de ser um compêndio de história é acima de tudo a Palavra de Deus que traz aos homens instruções para crer em Jesus e obedecer aos mandamentos divinos para alcançarmos uma esperança melhor além desta vida.

QUESTIONÁRIO, REFLEXÃO E MEMORIZAÇÃO

1 – O que é Arqueologia?

2 – Fale da importância da Arquitetura para o estudo da Arqueologia.

3 – O que é Filologia?

4 – Descreva sobre os materiais usados para escrita.

5 – Quais literaturas da antiguidade você leu, ou pretende lê?

6 – Fale da importância das gravuras no resgate da história.

7 – Como a Geografia contribui para o estudo da Bíblia?

8 – Faça um resumo do que foi descoberto sobre a cidade de Abraão, Ur dos caldeus.

9 – Sintetize as descobertas sobre o rei assírio Assurbanipal.

10 – Liste os membros da família herodiana.

11 – O que o historiador antigo Flaviu Josefus disse de Herodes, o Grande?

12 – Qual povo provavelmente governava o Egito na época de José?

13 – Por que Moisés fugiu do Egito pelo Mar Vermelho?

14 – Quais evidências que os judeus passaram a trabalhar com sistema bancário na Babilônia?

15 – Qual documento assírio fala do dilúvio universal?

16 – O que disse Fílon de Alexandria sobre Pôncio Pilatos?

17 – Onde foram realizadas escavações que comprovam a força militar do rei Salomão?

18 – Quantas vezes as muralhas de Jericó caíram pelas evidências arqueológicas?

19 – Quem foi responsável pela descoberta das ruínas da cidade de Nínive?

20 – Qual rei bíblico construiu um palácio de marfim, e cujas ruínas foram encontradas?

REFERÊNCIAS

Wycliffe, Dicionário Bíblico, CPAD, 2007

J. Simons, Geographical and Topographical Texts of the OT, p. 245

KELLER, Werner, E a Bíblia tinha razão..., Companhia Melhoramentos de São Paulo,1992

Rafael Barros, Ciências Hoje on-line, em 18/09/2003

The Middle East Media Research Institute (MEMRI) no dia 24 de Setembro de 2009

Al-Ahram (Egypt), September 22, 2009.

Disponível   em http://cienciadacriacao.blogspot.com/2009/11/as-moedas-de-jose-no-egito.html, acesso em 29/06/2010

Disponível   em http://cienciahoje.uol.com.br/controlPanel/materia/view/1424, acesso 05/10/2009.

SE VOCÊ GOSTOU DESTE LIVRO DOE UM A SEU AMIGO.

OUTRAS OBRAS DO AUTOR NAS LIVRARIAS VIRTUAIS

www.amazon.com / www.clubedeautores.com.br

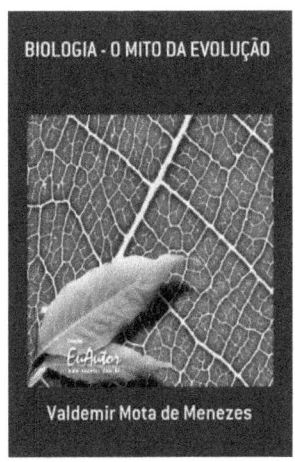

BIOLOGIA – O MITO DA EVOLUÇÃO -Este livro de BIOLOGIA tem o propósito definido de refutar a Teoria da Evolução e exaltar a Deus como único responsável pela criação. Aos homens anunciamos nesta literatura que a sua existência aqui se originou de um ATO DE CRIAÇÃO e não de um PROCESSO DE EVOLUÇÃO. Aos cientistas solicitamos a reconsideração de teorias que atrapalham o desenvolvimento da ciência, lembrando que nenhuma crença deve desviar as pesquisas da sua única finalidade: A VERDADE.

ESCRIVÃO DE POLÍCIA É CARGO TÉCNICO CIENTÍFICO - O objetivo deste trabalho é aprofundar os leitores no entendimento das reais atribuições de um policial civil que exerce o cargo de ESCRIVÃO DE POLÍCIA. É o conjunto destas atribuições que prova sem margem para erro que o Escrivão de Polícia é uma função técnica no sentido semântico, jurídico e constitucional.

O QUE É IGREJA CATÓLICA ROMANA? - A partir destas letras, o leitor começará a conhecer melhor a história da Igreja Católica Apostólica Romana e como ela se posiciona diante da Bíblia e dos seus ensinos. Em se tratando de uma religião com tantos adeptos, ela é a maior facção do cristianismo, ainda figura como a seita religiosa que possui o maior número de fiéis, contando com os que se dizem católicos não praticantes. Muitos se dizem católicos, mas desconhecem a história desta gigantesca instituição.

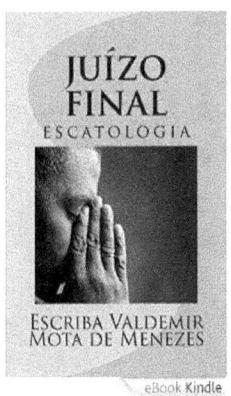

JUÍZO FINAL - O ápice da história humana é o Juízo Final. No transcorrer da epopeia humana, a balança da justiça está muito desequilibrada, os maus e desonestos, cruéis e corruptos estão em vantagem sobre os homens de bem, mas no Juízo Final os pecadores perceberão que a vantagem que tiveram na vida terrena era ilusória. Este livro pretende expor o que ocorrerá naquela Grande Dia revelado em toda a Bíblia, especialmente no Apocalipse. Os detalhes sobre o Dia do Juízo são assustadores, porque a realidade que se avizinha será terrível. O julgamento será de acordo com as atitudes e condutas que tivemos nesta existência. Não adiantará alegar que acreditava em Deus e mesmo que era cristão. Prepare-se para este dia. As sentenças proferidas serão terríveis e irreversíveis. A condenação no inferno é eterna.

<u>LIVRO EM ESPAÑOL</u>

El vértice de la historia humana es el Juicio Final. En el transcurso de la epopeya humana, la balanza de la justicia está muy desequilibrada, malos y deshonestos, crueles y corruptos se encuentran en una ventaja sobre los hombres de buena conducta, pero en el Juicio, los pecadores se darán cuenta que la ventaja que tenían en esta vida era ilusoria. Este libro tiene como objetivo exponer lo que sucederá en ese gran día revelado en toda la Biblia, especialmente en el Apocalipsis. Los detalles sobre el Día del Juicio dan miedo porque la realidad por delante será terrible. El juicio se hará de acuerdo con las actitudes y los comportamientos que hemos tenido en esta vida. No habrá ventaja al afirmar creer en Dios e incluso que era cristiano. ¡Prepárate para el Día.

LIVROS PUBLICADOS PELO AUTOR:
CIÊNCIAS
Biologia, O mito da Evolução
Baleias, maravilhas de Deus
Formigas, maravilhas de Deus
Pôr do sol, maravilha de Deus
Abelha sem ferrão, maravilha de Deus
As palmeiras, maravilhas de Deus
Orquídeas, maravilhas de Deus
101 maravilhas de Deus, Volume I
101 maravilhas de Deus, Volume II
101 maravilhas de Deus, Volume III
101 maravilhas de Deus, Volume IV
101 maravilhas de Deus, Volume V
101 maravilhas de Deus, Volume VI
Sexologia cristã
Botânica Bíblica
Terra plana dos insensatos
TEOLOGIA
Parapsicologia Bíblica
Compêndio teológico sobre o véu
Guia de Estudo Bíblico
Dogmatologia
Entenda a CCB – Volume I
Entenda a CCB – Volume II
Javé, o Deus da Bíblia
A Triunidade de Deus
Como fundar uma Igreja
O Diabo está ao seu lado
APOCRIFOLOGIA
Livro de Enoque com comentários
Livros de Adão e Eva

Pseudo-epígrafos de Barnabé com comentários
BIBLIOLOGIA
Os quatro livros biográficos de Jesus
Primeira Carta aos Coríntios comentada
Primeira epístola de Pedro com comentários
Epístola de Tiago com comentários
Apocalipse comentado
ESCATOLOGIA
Arrebatamento pré-tribulacionista
Juízo Final
O Fim do Mundo
HISTÓRIA
Introdução a Arqueologia
História Eclesiástica de Eusébio de Cesaréia
História do Universo comentada
O que é Igreja Católica Romana?
O anjo de quatro patas
A Epopéia de Gilgamesh
HAGIOGRAFIA
Vida de Antão com comentários
Clemente de Roma
POLÍTICA
Memorial criminoso do PT – Volume I
Memorial criminoso do PT – Volume II
PT X Cristianismo
Todos os telefones do presidente Lula
Os amigos de Lula
Jair Bolsonaro, presidente do Brasil
Os tentáculos malignos da Esquerda
Minha Luta de Adolf Hitler com comentários
Lula e o caso do triplex

Manual do guerrilheiro urbano de Marighella com comentários
Ministro Gilmar Mendes, o juiz iníquo
DIREITO
Escrivão de Polícia é cargo técnico científico
Código Hamurabi e a Lei de Moisés
O instituto divino da Pena de Morte
ÉTICA
Bebida alcoólica não é pecado
Como se vestem os santos
Deus é machista
Você é invejoso, entenda isso
ARTE E LITERATURA
Pinturas de Caravaggio
Hamlet de Shkespeare com comentários
EM OUTROS IDIOMAS
ArchéologieBiblique (Francês)
Juicio Final (Espanhol)
Biology, the myth of Evolution (Inglês)
The Four-legged Angel   (Inglês)
Last Judgment (inglês)
Indossare il velo (Italiano)
生物学–進化の神話 (Japonês)